SCIENCE

KEXUE YUANLAI ZHEYANGMEI

普及科学知识，拓宽阅读视野，激发探索精神，培养科学热情。

名家笔下的
科学世界

北方妇女儿童出版社

图书在版编目（CIP）数据

名家笔下的科学世界／李慕南,姜忠喆主编.—长春:北方妇女儿童出版社,2012.5(2021.4重印)

（青少年爱科学.科学原来这样美）

ISBN 978－7－5385－6300－9

Ⅰ.①名… Ⅱ.①李… ②姜… Ⅲ.①科学知识－青年读物②科学知识－少年读物 Ⅳ.①Z228.2

中国版本图书馆 CIP 数据核字(2012)第 061591 号

名家笔下的科学世界

出 版 人	李文学
主　　编	李慕南　姜忠喆
责任编辑	赵　凯
装帧设计	王　萍
出版发行	北方妇女儿童出版社
地　　址	长春市人民大街 4646 号 邮编 130021
	电话 0431－85662027
印　　刷	北京海德伟业印务有限公司
开　　本	690mm × 960mm　1/16
印　　张	12
字　　数	198 千字
版　　次	2012 年 5 月第 1 版
印　　次	2021 年 4 月第 2 次印刷
书　　号	ISBN 978－7－5385－6300－9
定　　价	27.80 元

前　　言

科学是人类进步的第一推动力,而科学知识的普及则是实现这一推动力的必由之路。在新的时代,社会的进步、科技的发展、人们生活水平的不断提高,为我们青少年的科普教育提供了新的契机。抓住这个契机,大力普及科学知识,传播科学精神,提高青少年的科学素质,是我们全社会的重要课题。

一、丛书宗旨

普及科学知识,拓宽阅读视野,激发探索精神,培养科学热情。

科学教育,是提高青少年素质的重要因素,是现代教育的核心,这不仅能使青少年获得生活和未来所需的知识与技能,更重要的是能使青少年获得科学思想、科学精神、科学态度及科学方法的熏陶和培养。

科学教育,让广大青少年树立这样一个牢固的信念:科学总是在寻求、发现和了解世界的新现象,研究和掌握新规律,它是创造性的,它又是在不懈地追求真理,需要我们不断地努力奋斗。

在新的世纪,随着高科技领域新技术的不断发展,为我们的科普教育提供了一个广阔的天地。纵观人类文明史的发展,科学技术的每一次重大突破,都会引起生产力的深刻变革和人类社会的巨大进步。随着科学技术日益渗透于经济发展和社会生活的各个领域,成为推动现代社会发展的最活跃因素,并且成为现代社会进步的决定性力量。发达国家经济的增长点、现代化的战争、通讯传媒事业的日益发达,处处都体现出高科技的威力,同时也迅速地改变着人们的传统观念,使得人们对于科学知识充满了强烈渴求。

基于以上原因,我们组织编写了这套《青少年爱科学》。

《青少年爱科学》从不同视角,多侧面、多层次、全方位地介绍了科普各领域的基础知识,具有很强的系统性、知识性,能够启迪思考,增加知识和开阔视野,激发青少年读者关心世界和热爱科学,培养青少年的探索和创新精神,让青少年读者不仅能够看到科学研究的轨迹与前沿,更能激发青少年读者的科学热情。

二、本辑综述

《青少年爱科学》拟定分为多辑陆续分批推出,此为第二辑《科学原来这样

美》,以"美丽科学,魅力科学"为立足点,共分为10册,分别为:

1.《头脑风暴》
2.《有滋有味读科学》
3.《追寻科学家的脚步》
4.《我们身边的科学》
5.《幕后真相》
6.《一口气读完科普经典》
7.《神游未知世界》
8.《读美文,学科学》
9.《隐藏在谜语与谚语中的科学》
10.《名家笔下的科学世界》

三、本书简介

本册《名家笔下的科学世界》是一套知识性、文学性、艺术性完美结合的科学读本。本书以清新流畅的文笔揭示出科学世界鲜为人知的秘密:把20种不同的树叶放在一起,你能说出它们的名字吗?你会用树叶做拓印和拼贴画吗?这本书不仅教给你这些,还以一年中的时间变化为线索,介绍了树木的结构与功能、生长与繁殖,以及树木和动物、人类、环境之间的关系。从一月到十二月,草地上都有哪些植物和动物?植物如何过冬?动物怎样在夜间活动?形形色色的花朵和昆虫之间有着怎样的关系?人类以哪些谷类作物为食?这本书描述了草地上的四季变化,为你展开一幅大自然的多彩画卷。本书中的一个个与科学有关的故事,在名家的笔下被描绘得栩栩如生,引人入胜,让你在不知不觉中感受到科学的神奇和魅力。

本套丛书将科学与知识结合起来,大到天文地理,小到生活琐事,都能告诉我们一个科学的道理,具有很强的可读性、启发性和知识性,是我们广大读者了解科技、增长知识、开阔视野、提高素质、激发探索和启迪智慧的良好科普读物,也是各级图书馆珍藏的最佳版本。

本丛书编纂出版,得到许多领导同志和前辈的关怀支持。同时,我们在编写过程中还程度不同地参阅吸收了有关方面提供的资料。在此,谨向所有关心和支持本书出版的领导、同志一并表示谢意。

由于时间短、经验少,本书在编写等方面可能有不足和错误,衷心希望各界读者批评指正。

本书编委会
2012年4月

目　　录

落潮先生和涨潮先生 ………………………………………… 1

五万年以前的客人 …………………………………………… 12

萤火虫 ………………………………………………………… 22

雷雨 …………………………………………………………… 25

太阳石——煤的故事 ………………………………………… 29

影子的故事 …………………………………………………… 36

圆圆和方方 …………………………………………………… 42

"小伞兵"和"小刺猬" ……………………………………… 45

蝉的故事 ……………………………………………………… 47

蟋蟀的住宅 …………………………………………………… 55

尾巴 …………………………………………………………… 59

太阳请假的时候 ……………………………………………… 63

隐身人 ………………………………………………………… 68

金色的脚印 …………………………………………………… 74

狼王洛波 ……………………………………………………… 83

海豹冒险记 …………………………………………………… 97

被偷换的黄金有多少? ……………………………………… 108

移民太空岛 ·· 113

过去和未来的行星车 ·· 116

天文学家如何为太阳系外行星拍照 ·············· 123

载人航天器的"避火衣" ·································· 125

动物对人类挑战太空活动的启迪 ·················· 131

没有半导体，我们的生活会怎样？ ·············· 138

食品安全　任重道远 ·· 158

前"言"未来云计算 ·· 173

落潮先生和涨潮先生

陈伯吹

在碧绿的小山顶上，有一座红色的小房子。

在这座小房子的卧室里，有一张又大又阔的床。

在这张又大又阔的床上，躺着三个小孩子。

他们叫做：依依、良良、珊珊。其实，这都不是他们真正的名字，可是因为这样容易叫，大家就都这样地叫他们。看来用这样的名字叫他们，他们是高兴的。

依依和良良是男孩子。珊珊是小妹妹。他们三个是好伙伴，从小时候起，在一块儿吃，也在一块儿玩，并且在那张又大又阔的床上，并排地一块儿睡。

他们挨次相差一岁。依依七岁，过了暑假就是小学一年级学生了。良良六岁，也快要当一年级小学生了。珊珊五岁，当然就是幼儿园大班啦。

妈妈挺辛苦，每天清早跑到房间里来喊醒他们。她看见他们挤在一块儿，像三只小猫咪挤在窠里。

依依觉得有个红彤彤的东西要透过他眼皮似的，一骨碌就在那张又大又阔的床上坐了起来，一只手不停地揉着眼睛，一只手推醒良良。良良推醒了珊珊。

"啊呀！"依依叫着说，"太阳起来了，咱们也起来吧。"

"啊呀！也起来吧。"良良老是学着他哥哥的话。

他们三个就滚到床边，滑落在地板上。

珊珊觉得房子里很静，以为爸爸上工厂去了，妈妈也已经下地去了。"啊唷！时候不早了，早饭一定凉了。"

他们赶快穿起衣服来。依依替良良扣纽子，良良替珊珊扣纽子，珊珊替

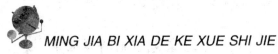
依依扣纽子。今天他们不用麻烦妈妈，就自己穿戴整齐。

他们跑出房间，轻轻地跨下楼梯，楼下没有一个人。他们就跑到园子里，一看，三只小鸭子也起得很早，张着扁嘴忙碌在草地上喝露水。

这三只小鸭子：一只是依依养的，一只是良良养的，一只是珊珊养的。

孩子们没事干，就追赶着小鸭子玩。小鸭子逃得很快，而且叫得很响。

依依出了个主意："在这儿吵吵闹闹，不如到海滩去好吗？"

"好！我们到海滩去。"良良答应着。

珊珊没吱声。她不敢说好，也不敢说不好。如果妈妈知道了是不答应的。不过两个哥哥走了，她也只好跟他们走。

三个孩子穿过开满红的、黄的、紫的、白的小花的青草地，一直跑到沙滩上。沙滩的尽头处是一片大海。这片海比草地大得多，清得连水底下的石头都望得见。突出在水面上的几块石头，给海藻缠往了，像一绺绺青的、红的长头发。海水微微地波动着，闪出千个万个金色的银色的鳞片来。

孩子们没有妈妈带着，自己跑到海边来，这还是第一次。

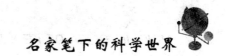

　　他们突然听到有一个低沉的声音，正在向他们打招呼："唔——亲爱的小朋友，早上好哇!"

　　孩子们抬头一望，在那靠沙滩的海边上，笔挺地站着一个瘦子，披着一件青色的浴衣。

　　依依、良良和珊珊立刻回答说："谢谢您! 您也好吗?"

　　"唔——我很高兴看到你们，多想念你们!"

　　孩子们非常奇怪，因为他们不认识这位先生。所以大家你看我，我看你地愣着不说话。

　　好久好久，依依觉得不能不开口，他是大哥哥，应该先说话。"妈妈常常带我们上这儿来玩，可从没见过您。"

　　"唔——那是因为你们来玩的时候，恰巧我不在这儿。"瘦子想了想，又说"唔——你们来的时候，我的哥哥'涨'在这儿。我叫'落'。"

　　"啊呀! 张先生……乐先生……"依依疑疑惑惑地说。他实在没有听懂。

　　"唔——我完全的名字叫'落潮'。"

　　孩子们这一下才听明白了。

　　落潮先生接下去说："我的哥哥涨潮常常吸引了很多的人。你们知道，大人们都喜欢他，趁他在这儿的时候来。孩子们总是跟着大人们，因此我就很少见到他们，可是我多么想念他们啊!"

　　他说到这儿，"唉——"叹了一口气，显得更加瘦了。他是真心爱孩子们的。

　　依依和良良都觉得很过意不去，珊珊连眼圈儿也红了。

　　"可是小孩子要和大人们一同下水才安全呀。"依依想安慰落潮先生。

　　"唔——安全!"落潮先生叫了起来，"我一定要说不是。只要我在这儿，鲨鱼就游不进来。你们下水去，水也不会漫过你们的膝盖。这才是真正的安全!"

　　"落潮先生!"依依很有礼貌地说，"我知道您说的对。这海水多可爱，我们能下去吗?"

　　落潮先生反问了一句："唔——为什么不能?"

"因为妈妈叮嘱过，她不在，我们就不能下水！"珊珊总是记得妈妈的话，而且听从妈妈的话。

依依和良良点了点头。

落潮先生望了望他们，"如果你们同我一块儿下去，保证安全。"

"那好，我们就下水去！"依依快活地说。

良良紧跟着说："那好，我们就下水去。"

在一分钟里，孩子们准备好了。

落潮先生拉着依依，依依拉着良良，良良拉着珊珊，一步一步小心地，走进起伏不停的小小波浪中去。

落潮先生是个挺和善的人，他把水里头各种奇怪的、有趣的东西指给他们看。

孩子们在许多礁石中间，看见许多小青蟹爬来爬去，不知道它们在忙着干什么，那横爬的样子很有趣。梭子蟹们都有一对大螯，好像一张弦琴的样子。还有几百只寄居蟹，住在抢来的屋子里：有的住在玉螺的壳里，有的住在别的美丽的壳里；小一些的住在海蛳的壳里，大一些的住在海螺的壳里，那就像住在城堡里一样。

落潮先生告诉孩子们说："唔——它们外号叫做'白住房'，长大了，挤得满满的一壳，再也住不下，就搬家了，找另外可以住得下的屋子去。"

珊珊看着，笑着说："多有趣！"

"有趣？"落潮先生眯着眼睛也笑起来，"有一个'小寄居蟹找房子'的故事，那才真有趣呢。"

"啊呀！那么请您就讲讲吧。"依依说。

"啊哟！请您就讲讲吧。"良良跟着说。

落潮先生带着孩子们，沿着海滩一边走，一边讲故事：

从前有一只小寄居蟹住在海里。它老是担心着。它觉得自己只有个硬壳脑袋和一对大钳，浑身都是软绵绵的，可是海里的大家伙多，坏家伙也多，总得找一所坚固的房子躲躲才好。

它一摇一摆地走，东张西望，找不到空屋子。

一只大螃蟹爬过来了，一看见小寄居蟹就大声喝道："哼！你配叫做蟹吗？咱们横行将军的族里没有这样的软骨头！"说完，就用大螯给钳了一下。

小寄居蟹痛得眼泪直淌，不敢哭出来。

一只龙虾游过来了，一看见小寄居蟹就冷笑。"哼！你也配叫做蟹吗？看你这副可怜相，横行将军的族里可没有这样的胆小鬼！"

小寄居蟹吓得不敢回嘴。

一只老寄居蟹背着一座像宝塔样的大房子，摇摇摆摆地走过来了，一看见小寄居蟹就教导它说："好孩子，你没有家，到处流浪，就受人欺侮，我带你找房子去。"

它们没多远，就看见一个蜗牛壳。老寄居蟹叫小寄居蟹先伸一个钳进去探探，要是钳能进去，身子也能进去。

小寄居蟹找到了这所小房子，欢天喜地地住在里头了。

依依说："这个故事好。"

良良也说："这个故事好。"

珊珊高兴得不停地拍着小手。她问："后来小寄居蟹长大了，小房子里住不下怎么办啊？"

"当然啦，它找个大海螺壳住啦。"依依抢着说。

"当然啦，……"良良只说了半句。

落潮先生微微笑着，点了点头。

珊珊老是第一个想起妈妈来。她说："该回家了，妈妈一定把早饭摆在桌子上了。"

落潮先生还是微微笑着，点了点头。

孩子们穿上了衣服，很有礼貌地说声"再见"！

"唔——再见！"落潮先生向他们挥挥手，"明天再来——记住，比今天迟一个钟头来！"

孩子们在园子门口，又遇见了三只鸭子，望着他们"呷——呷！呷——呷！"地叫。好像催促他们"快走！快走！"。

依依说："小鸭子有浴衣，明天带它们一同去。"

"好，明天带它们一同去。"良良接着说。

可是珊珊不同意。她说："海太大，小鸭子会害怕的。它们年纪小，应当在小池子里玩。"

正当这个时候，妈妈从山坡上赶下来了。

"看你们，上哪儿去了？"妈妈有一点儿生气地说，"爸爸早上出去了。早饭都凉了。"

第二天早上，太阳一出来，孩子们就起身了。

依依看了看钟："啊呀！还早呢，早了一个钟头，怎么办？"

良良难得出个主意，他说："像昨天一样，咱们上园子里赶鸭子去。"

珊珊添了一句："还给花儿浇水。"

孩子们轻轻地下楼，轻轻地开门出去。他们在园子里玩了好一会儿，才望见沙滩上有个影儿，他们就拉着手，急急地奔下去了。

"唔——快来看！"落潮先生向他们招招手，"一群小青鱼！"

孩子们赶紧跑过去，一看，浅水里满是小鱼，它们一个衔着一个的尾巴，连成一串，向前游过去，像孩子们排队做游戏似的。

落潮先生又把海蜥指给他们看："这些小东西生活在水底下的沙石上，像一丛银色的针似的。它们很友爱，老是团结在一起，几百几千个地聚在一块儿。"

"它们也要搬家吗？"良良也这么问。

"唔——它们难得搬家的，喜欢固定住在一处地方，挤一点儿也不在乎。"落潮先生回答说，"现在，咱们看看银鱼去。"

他们走到一处水又浅又暖的地方，看见几百条小银鱼，狭长的身体，细小的鳞片，嘴大，吻尖。这些亮闪闪的、仿佛透明的小东西，在孩子们的手指和大腿中间穿过来，穿过去，引得他们叫起来，笑起来。

落潮先生说："唔——这些没见识的小东西，可真活泼。咱们再跑过去，看看别的。"

孩子们看见那许多水潭里，漂动着狭的或阔的花带子，有青的，有红的，也有褐色的。

"啊唷!海里头也有花园,长着树林和青草!"珊珊忍不住叫道。

落潮先生告诉她:"那花带子叫海带,那阔叶子叫昆布,其实它们是一家人,都是海藻类的东西。"

珊珊睁大了眼睛。她不明白。

回家去的时候又到了,落潮先生拉着他们回头走,可是孩子们还不愿意说声"再见"!

"唔——现在该回家了,明天再来玩。"落潮先生送他们跨上沙滩,叮咛他们说:"明天见!——记住,比今天迟一个钟头来!"

下一天,孩子们又热心地去看他们的好朋友了,因为他们不耐烦等一个钟头,动身得早一些。

奇怪!海水里头站着两个人:一个穿青色游泳衣的瘦子,旁边还站着一个穿黄色游泳衣的胖子,像一个圆木桶。

胖子不像瘦子那么和善,粗脖子上套着一个救生圈,站在水深的地方。瘦子仍旧在水浅的地方,劝告胖子回到大海里去。

胖子不愿意,和瘦子对立了好一会儿,才不高兴地走了,扑下身体来在海里游泳,做出可怕的怪声,他喷吐着水,掀起着浪,很快地游得不见了。

胖子走了,海水也平静了。

落潮先生这才招招手,欢迎着孩子们下水来。

他说:"唔——他就是我的哥哥涨潮。你们今天来得早了一刻钟,所以他还不走。现在,我们去走走看看吧。"

依依看见有一群身体椭圆的、五六寸长的鱼,头小,嘴巴也小,眼睛却大,背部青黑色,肚皮却是白色。他就想捉住它,可是只一眨眼就游得不见了。

落潮先生笑着说:"这是一条海鲫!"

良良摸起一个四寸多长的圆形的壳来,很光滑,右壳淡黄、带点儿白色,左壳淡红色,看来很漂亮。他自言自语地说:"啊哟!这是什么宝贝?"

落潮先生又笑着说:"唔——这是海月的壳,你拿回去当一面小镜子。"

良良对依依说:"哥哥,这个给你。"他总是尊敬哥哥的,只有在吃东西的时候不肯让步。

依依爱妹妹。他说:"你给珊珊吧,这是女孩子的东西。"

可是珊珊也在水底下拾起了一个长两三寸的白色的管子,上面有粗线横条,很像竹笋。她说:"哥哥送我一个,我也送哥哥一个。"

落潮先生笑着说:"唔——这是海笋,壳儿很薄很脆,容易碎掉,你们留神点儿玩。"

依依心里想:"我也得在海里头弄个什么东西玩玩才好。"他边走边用心看,看见水底下石头上有个五角形的紫色的活东西,缓缓地爬着。他想伸手捉它,可又不敢。

落潮先生早看见了,说:"这是海盘车。它像颗星星,所以又叫做海星,也叫做星鱼。它有五只腕,拉断了一只,还能长出来。"

孩子们觉得又奇怪又有趣。一会儿,这个海盘忽然不见了,它的颜色和礁石差不多,再要找着它可就不容易啦。

这时候,落潮先生把一个柔软的、透明的小东西塞给依依:"你瞧,这是什么东西?"

依依放在掌心里看,良良和珊珊也围着看,这个小东西看不出头和脚来,只是亮晃晃的三四分大的一个小圆块。

"唔——有趣哪!"落潮先生眼睛里闪着神秘的光彩。

"这叫做海灯。在夜里,它们成群地浮在海面上,放出一点点青色的光来,就像一盏盏小灯。"

孩子们听得高兴极了。

依依说:"咱们晚上来看。"

良良接着说:"好,晚上来看。"

可是珊珊说:"妈妈一定不让我们在黑夜里头跑到海滩上来的。"

落潮先生低着头。"唔——这倒是个困难。不过,你们长大起来会看得到的。"

"我将来要当个海军!"依依大声说。

"我也要。"良良接着说。

珊珊眨巴着她的大眼睛,没说什么。

时间很快就到了,孩子们只得和落潮先生分手。他们觉得这海滩上一天比一天更好玩,几乎不舍得离开,也忘记肚子饿了。

第四天早晨,妈妈很早很早就到孩子们的房间里去,张着胳膊围着他们,亲昵地看着他们。

她说:"孩子们,我已经知道你们的秘密了。你们每天清早起来,上海滩去玩,还洗海水浴,这是好的。可是你们不和大人一块儿去,是很不安全的。"

"妈妈,我们是安全的,"依依说,"落潮先生和我们在一块儿。"

"谁是落潮先生?"妈妈很奇怪地问。

依依又说:"落潮先生是个瘦子,穿着一件青色的浴衣,他是个好人。"

"他是个好人,"良良说,"他使水只浸到我们的膝盖下面。"

"他还伴着我们玩,给我们讲故事。"珊珊又添上了一句。

妈妈觉得这件事情很奇怪: "好吧,我和你们一块儿去。我要谢谢他。"

孩子们高兴得跳起来,可是他们就忘记今天要再迟一个钟头去。

依依拉着良良的手,良良拉着珊珊的手,珊珊拉着妈妈的手,一同跑到海滩上去。

奇怪!他们没看见落潮先生,却看见了那个胖子,穿着一件黄色的游泳衣,像一个圆木桶似的,粗脖子上套着一个救生圈。

胖子一看见他们,就哈哈大笑起来,泼弄着、掀动着左面右面的水,波浪涌到沙滩上来,水珠飞溅到妈妈和孩子们的脸上、身上。

妈妈一看这光景,就急急地带着孩子们回去。

在吃早饭的时候,妈妈对孩子们说:"听着,我不准你们再去和那个胖子洗澡。虽然他很喜欢你们,可是他的态度我可不喜欢。"

孩子们一齐喊出来:"妈妈!他不是我们的好朋友。他不是落潮先生。"

妈妈生气了，不听他们的话，只是重复说了一遍："我不准你们再去和那个胖子洗澡。"

这样地过了十多天。依依、良良和珊珊老是在草地上不快活地走着，花也无心看了，连小鸭子也不追赶了。他们只呆呆地老远望着那海滩。

有一天早晨，妈妈决定带孩子们上海滩去。

孩子们比妈妈跑得快，先跑到海滩上，一看，正像他们第一次看见的那样，亲爱的落潮先生，穿着一件青色的浴衣，微笑地站在海滩旁边。

"啊呀！——啊哟！——啊唷！——"孩子们一齐高兴得喊起来，"亲爱的落潮先生，您好！您回来了？"他们把上次妈妈带他们来的时候，遇见涨潮先生的事情，告诉给他听。

"唔——亲爱的孩子们，你们多傻哪！"落潮先生听了大笑着说："你们不知道吗？我每天在这儿待十二个钟点，我的哥哥也在这儿待十二个钟点。我们应该好好地工作，我们也要好好地休息。"

"不。我们真的不知道。"依依愣着眼睛说，"请您告诉我们，该在什么时候来找您？"

"唔——你们用这个方法计算。"落潮先生很和善地说，"如果今天你们早上七点钟来，那么，明天我要迟五十一分钟来上班，所以每一次我都告诉你们要迟一个钟头来。"

"啊呀！——啊哟！——啊唷！——"孩子们一齐叫起来，"现在我们明白了，我们能够知道什么时候来找您，多好呀！"

这时候，妈妈也跑到沙滩上来了。

"妈妈！"孩子们又一齐叫起来，"您瞧，这位就是我们的好朋友——落潮先生。"

落潮先生向妈妈点点头。

妈妈觉得这个瘦子挺和善，就笑着对孩子们说："如果你们只在落潮先生待在这儿的时候来玩，我想我应该让你们来。"

孩子们听了，快活得拉起了手，围着落潮先生跳起舞来。

落潮先生为孩子们唱了一个好听的歌，叫做《海的赞歌》。这个歌是难得听到的。落潮先生用丰富的柔和的低音唱的歌，谁听了都会被迷住，永远忘不掉。

　　唔——

　　风啊，你轻轻地吹，

　　浪啊，你轻轻地拍。

　　孩子们，母亲们，……一切善良的人，

　　他们干完工作都来海边歇着。

　　你们轻轻地唱吧，唱吧，

　　唱那劳动的歌。

　　唔——

五万年以前的客人

童恩正

一、天外来客

这是一座无边无际的亚热带森林。

森林中的夜晚是喧闹的。动物在低沉地咆哮，猫头鹰在凄厉地哀鸣。无数小虫用它们毫无间断的声音鸣叫着。

一只花斑的猛虎，用无声无息的步伐在树林中跑着。突然，它停下来了。在月光照耀的林间空地上，一条吃得太饱的蟒蛇，正在憩睡，巨大的蛇身盘成一堆。

猛虎悄悄地移动了几步，然后小心伏在地上。现在只要最后一次跳跃，蟒蛇就将成为它利爪下的猎物了。

然而这一次跳跃并没有实现。天空中传来了一阵隐约的隆隆声。猛虎警觉地竖起耳朵，不安地向四面张望着。动物自卫的本能告诉它，有新的危机来临。

灾祸来得十分突然。东方的天空闪现了一片耀眼的红光，一个巨大的火球，以闪电般的速度向森林冲击过来，接着是一声剧烈的爆炸。

这事发生在公元1645年夏天。半年以后，在北京皇城中一间阴暗的屋子里，一个梳着辫子的官员，用十分工整的字体，在史书上作了下面的记载：

"顺治二年五月，有巨星自东陨落于粤。红光烛地，
声如雷鸣。……"

二、奇异的石头

郭小林在夏令营中已经六天了。由于今年的夏令营是设立在远离城市的森林中，因此生活就特别紧张和有趣。在这些快乐的日子里，少先队员们参加了各种军事游戏，举行了游泳比赛和爬山竞赛，也开了篝火晚会。

今天是孩子们停留在野外的最后一天，他们要举行一次"探险"旅行。这就是说：带上干粮、罗盘，深入原始森林。谁都想抓紧这个机会替学校和少年博物馆采集一些植物标本。

在凉爽的早晨，太阳还没有升起的时候，大队就沿着林间的小路出发了。一位伐木工人做了他们的向导。郭小林以大队旗手的身份，走在队伍的最前面，并且还背了个皮盒子，里面装的是指南针。

在行军途中，郭小林虽然也知道伐木工人是绝不会走错路的，但他还是不断地看着指南针。因为这是旅行家的规矩。

"迷失方向是探险家的耻辱。"他十分庄严地向同学们解释。

中午，大队到达了目的地——一个伐木工人的工作区。工人热情地欢迎了孩子们。吃过午饭以后，老师宣布让大家自由活动两小时。郭小林在出发前就和他的朋友挑了战，他们要比赛谁采集的东西多。他一个人爬上了伐木工人木屋后的小山。伙伴们快乐的喧哗声很快就落在身后了。他在树林中钻了很久，然而没有找到什么值得保留的东西。

不知不觉地，郭小林越走越远了。最后，他爬上了一座高山山顶。这儿的风景真好，绿色的森林像海洋一样延伸到遥远的地平线，几条河流像镜子一样在闪着光。

于是，郭小林又摸出了自己的指南针，准备再校对一下方向，可是一桩奇怪的事发生了。

他清楚地记得，伐木工人的小木屋是向着北方的，山在木屋背后，那么，现在木屋应该在他的北方，可是指南针指示的，木屋却在西南方。

看样子，"探险家的耻辱"——迷失方向的事故已经发生了。郭小林懊恼地摇动着指南针，磁针摇晃着摆动了一会，但是木屋还是在西南方。

一个少先队员是不应被这个小问题难住的，于是郭小林折了根树枝插在地上，从树枝的阴影看来，小屋的方向还是应该在北方。当然，用太阳来测定方向是不会错的。

现在可以肯定，这是磁针出了毛病。郭小林曾经听见老师说过，在某些大铁矿的附近，是可能出现这种现象的。他东张西望看了一会，发现就在山背后的树林中间，有一大片黑色的、光秃秃的地方。郭小林的好奇心又发作了：这是不是铁矿呢？

郭小林小心地走下山来，他发现这儿原来是一片沼泽，黑色的、发着臭味的烂泥延伸到远方，像森林中一个黑色的湖泊。和周围阳光照耀、鸟语花香的森林一比，这地方显得死气沉沉：既没有一根青草装饰这黑色的地面，也没有一声鸟叫来冲破这儿的寂静，空气中散发着一种令人感到沉闷的气氛。

如果不是一桩偶然的事引起了郭小林注意的话，他应该是带着失望的心情往回走了（连一点有意义的东西也找不到）。就在离岸边几米的地方，他看见烂泥中有一块石头。

烂泥中发现石头，这是很普通的事，但是真叫人奇怪，这块石头是浮在泥上的。郭小林知道，任何一块石头丢到这样的泥坑中都会一直沉到底的。

郭小林找来了一根长树枝，冒着陷进沼泽的危险，把这块石头拨到岸上来。

这是一块灰褐色的石头，闪着金属的光泽。令人诧异的是这块拳头大的石头，拿在手里却比木头还轻。

"这是什么东西？"

三、天乙星，谜星

严寒的深夜。整个北京似乎都已经入睡了。然而李明哲教授却好像忘记了白天工作的劳累，忘记了自己手中的烟斗已经熄灭多时，他面对着桌子上的一份实验报告，陷入了沉思。

五个月以前，科学院收到了一个从广东寄来的包裹，里面装着一块石头。这是一个少先队员在野外发现的。学校教师的来信中说：在拾到这块石头以后，学生们为了要确定它的性质，曾经用酒精灯烧过，也往上面倒过浓硫酸，然而用尽了一切方法，这块石头连颜色也没有变，这引起了大家的重视，把它送到科学院来化验。

经过一系列的实验，向李明哲教授提供了这份几乎令人难以相信的、神话般的报告。正是这份报告，使李明哲教授回忆起了一段遥远的往事。

这是四十年前的事。那时，白发苍苍的老教授还是一个朝气蓬勃的四年级大学生。他在数学系念书，却对天文学，尤其是中国古代的天文学发生了浓厚的兴趣。在两千多年来中国的历史书籍中，保存了极为丰富的天文学史料。古代的天文学家们运用简陋的仪器，一代又一代地注视着星空的变化。他们不但从实践中掌握了丰富的天文学知识，而且能将这些知识运用到农业、航海等生产活动上去。年轻的李明哲曾经多次为我们祖先的智慧感到惊异和骄傲。为了使中国人民在天文学上的成就，能在世界天文学史上放出光彩，他立志献身于这门科学。因此他曾选择了一颗在当时广泛引起注意的星，作为自己的研究对象。

这颗星，中国史书上称它为"天乙星"。早在两千多年前，中国伟大的历史学家司马迁写的《史记》中，就有过记载。以后各个朝代的史书中，关于它的记载更加详细。从记载上看，这颗星十分神秘，有很多不可解释的地方。譬如说，从它的亮度看来，它应当离地球很远，但是从它运动的轨道和速度看来，它又应当离地球很近。更奇怪的是：到了1645年，这颗星就突然消失了。国内外好几个学者对它进行研究以后，都得出了一个结论，说中国古代的天文学家关于这颗星的记载都是错误的。一位日本教授甚至称"天乙星"为"谜星"，并且预言，一切企图解开"谜星"之谜的努力，都是不会有结果的。但是，李明哲对自己祖先忠诚的科学态度和卓越的观察能力，始终有着坚定的信念，没有为这些议论所吓倒，他深信随着科学的发展，"谜星"之谜终有被揭露的时候。

经过了一段长时期艰苦的工作，在搜集了"天乙星"的全部资料并经过成千次的计算以后，李明哲在毕业论文中提出了自己的初步看法：这颗星的运动规律和一切星球不同，可能这颗星不是自然的星球，而是人造的。地球上的人虽然不能造它，但其他星球上的人却可能造它。在当时，这是一个十分大胆的推测，因为在四十年以前，世界上既没有火箭，也缺少宇宙航行的知识，关于原子能和放射性同位素的研究也是刚刚开始。论文交出以后，虽然得到了个别老师的赞扬，但是曾经留学美国的数学系主任，却在论文后面批了四个大字："胡说八道！"年轻的大学生一气之下，当着系主任的面就把论文烧了。

大学生活已经逝去四十年了。然而今晚上，李明哲又回忆起这段往事。他发觉发现这块石头的地点，在1645年曾有一块陨石降落过，这块石头是不是和陨石有关呢？1645年的陨石是不是又和"天乙星"的突然消失有关呢？一系列的联想在他头脑中起伏。

四、探访

经过几个月紧张的学习，现在已经是举行期终考试的时候了。

放学以后，郭小林先到同学家中借了几本书，然后很快地跑回家去。考试期间，时间需要抓紧一点。

"你怎么现在才回来？"妈妈在楼梯口迎着他，"客人已经等你一个多钟头了。"

"客人？"郭小林说，"有谁找我复习功课吗？"

他跑进房门，立刻就愣住了。坐在房中的不是他的同学，而是三个大人。其中有一个戴眼镜的老人。

"郭小林吗？"这老人看出他的尴尬样子，"我们是科学院的。我叫李明哲，这两位是我的助手。"

"李明哲教授？"郭小林简直不相信自己的眼睛，站在自己面前的和蔼的老人就是有名的数学家李明哲教授。报纸上经常以很大的篇幅介绍他在天文学方面的成就。目前他正领导着一个研究机构，从事一种大型人造卫星的制造。

"去年夏天，我们曾收到过一块奇怪的石头，这是你在野外找到的，没有忘记吧？"

郭小林想了一会，便把自己发现那块石头的经过说了一遍。他发觉三个客人对他的介绍十分注意，因此便尽力说得详细一些，连一点细节也不敢忽略。

"太好了！"教授满意地敲了敲烟斗，"如果我们到森林中去，你还可以找到那地方吗？"

"能找到，因为那儿的方向我记得很清楚。什么时候去？"

"明天。"

"明天？不行呀！我还要考试呢。"郭小林说。

"我们会替你请假，让你补考，"教授安慰他，"这项工作有重要的意义，老师会同意的。"

"你们要去找什么呢？那块石头到底是什么东西？"郭小林问。

看了郭小林那种激动和好奇的眼光，教授笑了一笑说：

"刚才我听你妈妈说，你长大了想成为一个天文学家，是吗？"

"是的。"郭小林不好意思地承认。

"好极了！"教授笑眯眯地说，"一个优秀的天文学家，除了必须有丰富的知识以外，还要具有高度的忍耐力，要随时克制自己的急躁情绪。因为天空中的变化是极其缓慢的，对于一颗星星的观测，有时需要几十年持久不懈的努力才能取得一点成绩。从现在开始，锻炼一下你的忍耐力吧。在没有去实地考察以前，我不能回答你的问题。没有根据的推测是违反科学的。再见了，小弟弟！今天好好休息吧！明天早晨八时，我们派车子来接你。"

第二天早晨八时整，教授的汽车就以科学家所特有的准确性停在郭小林的家门外。

汽车顺着光滑的柏油路向山区急驶。在路上，郭小林虽然有很多问题想问教授，可是他想起了一个天文学家应具备的条件。为了锻炼自己的忍耐力，他没有开口。教授也没有谈到那块石头，只是问问他的学习情况。

三天后，汽车到达了森林地带，在那儿有一架"北京－102"型的直升机在等着他们。几小时以后，飞机就像一只大蜻蜓一样，轻轻地在伐木工人的住地降落。

从这儿出发，郭小林毫不费力地领着教授他们找到了那块沼泽地。

"就在这儿！"郭小林指出了发现石头的地方。

教授严肃起来了。他对这地方的地形，周围的植物分布状况，作了详细的考察。从各个角度向这块沼泽地拍了许多相片；他的助手捧着一个很复杂的仪器到处走动，念着一些数字。从这两个年轻人兴奋得发红的脸上，郭小林知道他们已经有了很重要的收获。

"我们要排干这儿的水，进行一次大规模的发掘。"在调查结束以后，教授说，"现在首先要订出详细的计划来。回去吧！"

在归途中，教授不停地在笔记本上计算着什么东西。他的两个助手在激动地低声交谈着，郭小林只听到他们的话中不断出现"不可思议！""这个发现要震惊世界！"等等带有惊叹号的句子。这时郭小林的好奇心已经强烈得没法遏制，"天文学家的忍耐力"终于彻底垮台了。他鼓足勇气轻轻地问道："你们究竟发现了什么东西？"

教授思索了一下，回答他说："现在可以向你说明一下我们对这件事的推测。由于对这个问题的研究刚开始，所以在某些方面还只是一个假设。……"

五、教授的话

"去年夏天，我们科学院接到你的赠品后，立刻进行了一系列的物理和化学试验，企图确定它的性质。但是我们很快就发现了，这不是一块天然的石头，而是一种合金。它具有难以想象的坚硬性和耐高温性；尤其重要的是，这种合金具有极强的吸收各种辐射线的特性。然而，它的成分和构造。直到现在，我们还没有弄清楚。这是一种高度智慧的创造，这种科学技术的成就，已经远远超出了我们现代的科学水平。这种合金是在另外一个世界，由另外一种生物所制造的。

"历史记载告诉我们，1645年，曾经有一块陨石坠落在这个地方。刚才我们的观察也证实了这点。由于陨石降落时所引起的爆炸和空气的震动，周围的树木都死亡了，地面也由于巨大的冲击而形成了一个大坑，以后注满了水，就成了那块沼泽。

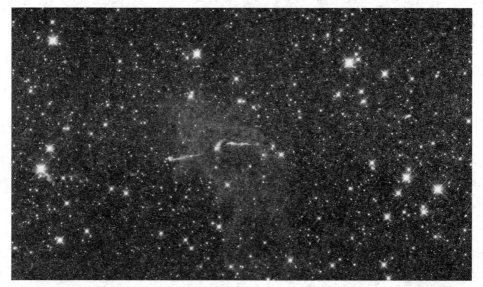

　　"三百年以来，人们都认为降落在这儿的是一块普通的陨石，可是由于这块合金的发现，使我们知道这不是一块陨石，而是一支火箭。这是在别的星球上生活的、具有高度智慧的生物向地球发射的一支火箭。用这种合金制造的火箭，不但轻便坚固，而且因为它具有吸收辐射线的能力，所以可以防止宇宙射线和火箭本身原子能发动机所放射的有害的射线对人体的伤害。我们毫不怀疑这支火箭上已经使用了原子能发动机，因为高速度的、能够在星际航行的火箭，只有使用原子能发动机才有可能。

　　"现在我们要来考察一下，这支火箭是从哪一个星球上发射出来的。在这里，我要向你谈一点天文学方面的知识。太阳，加上九颗围绕太阳旋转的行星，以及另外一些围绕行星旋转的卫星，就构成了我们的太阳系。在太阳系以外，又有无数的恒星和行星，其中离地球最近的一颗恒星是半人马座的阿尔法（α）星，它距离地球四光年，就是说，从这颗星到地球，用光的速度，每秒钟三十万公里的速度来走，也要走四年。即使是使用原子能发动机的火箭，要走这样长的距离，几乎也是不可能的事。因此我们断定，这支火箭不会是从太阳系以外的星球发射的。

　　在太阳系以内，离地球最近的一颗行星就是火星。这是一颗十分有趣的星，一百多年来，科学家曾经不止一次地为它的某些神秘现象所迷惑，譬如说：它表面上的运河网，它那与地球多少有些相似的自然条件，以及它那两颗卫星所显示出来的一些反常现象，等等。在很长的时期里，人们都相信火星上是有高级生物居住的。最后，有一位科学家，终于以大量的事实，证明火星上的确有高级生物。他们具有高度的科学水平，火星的两颗卫星就是他们放射的人造卫星。这种生物既然能够发射直径达到几公里的人造卫星，自然也能够向地球发射火箭。因此，我们初步肯定，这支火箭是从火星上发射的。

"不过当我们对那块合金进行研究的时候，我们又发现了另一种奇怪的现象：从合金中某几种稀有金属的放射性同位素所提供的资料看来，这块合金至少已经有五万年的历史，也就是说，它是在五万年以前制造成的，而火箭也应当在五万年以前就发射出来了。

"肯定火箭是五万年以前由火星上的生物发射以后，我们还要解决另外一个问题，这就是五万年以前发射的火箭，怎么会等到1645年才坠落到地球上来呢？我的推测是这样的：这支火箭发射以后，在它遥远的航程上，经受住了一切考验，很顺利地到达了离地球很近的地方。可是就在这时，也许是机器发生了故障，也许是驾驶员操纵的错误，火箭突然失去了推进力，于是，它便由于自己的惯性而围绕着地球旋转，成为地球的一颗"人造卫星"。它不会掉到地上来，因为它旋转时所产生的离心力刚好和地球的吸引力相等。坐在这支火箭里的生物，已经能够用望远镜看到地球上云雾弥漫的美丽景象，但他们却永远不能到达这个目的地了。

"在距离地球几万公里的高空是没有空气的，所以这支火箭也不会遇到任何阻力，它只是用原来的速度一圈又一圈地围绕着地球旋转。就这样经过了五万年。在这段漫长的时期中，人类在进化着。大约两千年以前，中国古代的天文学家就发现了这颗与众不同的"星"，并且把它的运行规律在史书中记载下来。这就是历史上有名的"天乙星"，日本人称它为充满了谜的"谜星"。我曾将"天乙星"的运动规律，与火星发射火箭到地球的运动规律，进行过一次初步的计算，这两个数字恰好是吻合的。

"这支火箭，原来是可以永远运动下去的：但到了1645年，一次偶然的事件使它遭到了毁灭。我们知道，在宇宙空间里，有无数高速运动的小石头在飞行。这些小石头有时被地球吸住，以每秒钟一百公里的速度飞进地球的大气里，因为和空气摩擦发生高热，便放出很强的光，这就是我们在夏天晚上时常看到的流星。从精确的数学计算可以知道，1645 年旧历五月，地球正好经过一块小石头最密集的空间，受到了一次最厉害的"流星雨"的袭击。在雨点一样的流星的冲击下，地球大气层以外运动的火箭，就被一颗流星碰上了。由于剧烈的碰撞，火箭脱离了自己的轨道，就像一颗普通的流星一样，坠落到我们的地球上来。火箭掉下来以后，它上面储藏的原子能燃料发生了某种变化，使得那块沼泽里充满了对生物不利的辐射线，我们刚才用仪器测量的结果证明了这一点。因此在那个沼泽中，既没有一根水草，也没有一条爬虫。上次你的磁针失灵，也正是辐射线的影响。火箭的一块碎片被你无意中拾到了，其他的部分一定还保留在那个沼泽中间，经过发掘，我们一定可以找到的。

"等到我们分析出这种合金的成分以后，我们就可以开始制造了。同时我们还可能在发掘中找到更多的东西。这一切都会帮助我们进一步掌握星际间航行的火箭技术。人类征服宇宙的宏伟计划将更快地实现了……"

萤火虫

贾祖璋

　　满天繁星在树头闪耀，树林和地面都沉浸在黑暗中，只有东面的一个小小池塘，在微风中，把天上的星星，皱作一缕缕银波，反映出一些光辉来。池边几丛芦苇，一片稻田，也都模糊不清，而芦苇随着微风摇曳，却隐约可以辨认。经常从芦苇底下，田边草丛中，起来一点点忽明忽暗的白光，向池面，向旷地移动，那是萤火虫。它们好像在空中乱窜，但也有一点互相追逐的形迹。有时一个飞在前面，另一个向它一直赶去。但被追赶的一点白光，忽然隐没了；或者飞到水面上，混杂在水中揉碎的星光里；或者飞回芦苇丛中、稻田里，给枝叶遮住；追赶者失了目标，便迟疑地转向飞去。或者自己反而成为被追赶的目标，就又一前一后地飞行着。这时，水面上，旷地上，稻田里，一明一暗，一上一下，点点光亮，与天上的星星同样繁多。

　　这是幼年暑假中，在乡间纳凉时所见的情景。当时与弟妹等一边听着在烈日下辛苦了一天才得这片刻安闲休息的邻舍们的谈笑，一边向萤火虫唱着质朴的儿歌：

　　　　萤火虫，夜夜红：
　　　　飞到天上捉仇公，
　　　　飞到地上捉绿葱，
　　　　绿葱开花满地红。

　　唱着唱着，偶然有几个萤火虫飞到身边，赶忙用芭蕉扇去拍，凑巧就把它拍在地下。有时拍个空，远飞而去，即使立即追赶，也往往空手而回。

拍在地下的，不再发光，黑暗中难以寻找，也会突然逸去。那些被捉住的，首先是用它来卜年成丰歉。把一个萤火虫放在地上，用脚一拖，地面就出现一条萤光。这条光线粗而长，象征稻穗肥大，可望丰收；否则稻穗细小，收获一定很少。不消说，这是迷信，是"以生命为儿戏"。但是，不也蕴含着农民那种渺茫的希望吗？那些没有被弄死的，就给放进日间准备好的鸭蛋壳里，让它一闪一闪．作为小灯笼。放在枕头旁，静静地看着，催入梦境。但大人认为萤火虫会钻进耳朵，甚至会吃脑子，所以总是被禁止带进卧房。

萤火虫是怎样发生的，乡间没有谈起，古书上却说它是腐草化成的。《红楼梦》第五十回中有一个谜语，就是从萤火虫演化来的，还很巧妙有趣：

李纨又道："绮儿是个'萤'字，打一个字。"众人猜了半日，宝琴道："这个意思却深，——不知可是花草的'花'字？"李绮笑道："恰是了。"众人道："萤与花何干？"黛玉笑道："妙得很！萤可不是草化的！"

由于萤火虫，腐草竟然变成鲜花，文学语言，未尝不可。但是，到了现在，还有人发表什么生物化生说，仿佛腐草化萤，千真万确，那是痴人说梦了。

萤火虫种类很多，全世界所产，能够发光的有两千种，不能发光的也有两千种。我们常见的一种，身体黄色，翅膀尖端黑色。这是雄萤，能够飞行。雌萤体形近似幼虫，不生翅膀，不能飞行，终生住在水边杂草丛中，但也能发光。古人观察得不够细致，见到草里有萤火虫，就说它是腐草化成的，这也难怪。

雌萤产的卵有三四百粒，球形而小，黄白色，能发一些微光。经过二十七八天，孵化为幼虫。幼虫身体长纺锤形：略扁平，有十三个环节。头和尾黑色，体节两旁有黑点。尾端有吸附器，可代足用。尾端梢前方体侧有发光器，能放青色的光。日中隐伏泥土下，夜间出来觅食。吃的是蜗牛、钉螺等有害动物，所以它是益虫。第二年春天，长大成熟，潜伏地下，蜕皮化蛹。蛹淡黄色，也能发光，到了夏季，化为成虫。

最令人感兴趣的萤火，是从哪里来的呢？以前，有人认为是某种发光性细菌和它共栖的缘故，现在知道是一种化学作用。发光器的构造，随着萤火虫的种类和发育期而不同。就常见的这种萤火虫来说，成虫的发光器位于尾端腹面，表面是一层淡黄色、透明质硬的薄膜，下面排列着多数整齐的细胞，形成一个扁平的光盘。细胞里含有多数黄色细粒，叫做萤光体，遇着氧气，就氧化而发光。细胞周围有许多毛细管，连接气管，送来空气，又受神经控制，可以忽明忽暗。与发光细胞相对，还有一层含有多数蚁酸盐或脲酸盐小结晶的细胞，呈乳白色，好似一面镜子，把光线反射出来。另有人认为，血液里还含有一种萤光酶，萤光体受到萤光酶的激发，才会氧化发光。

萤光不含红外线（热线），只有光没有热，是一种理想的照明用冷光。人类所能利用的，历史上有晋代的车胤：把它盛在绢袋里，代替烛火，勤奋学习。在国外，墨西哥出产一种巨大萤火虫，胸部有两个大发光器，放射绿光；腹部也有一个发光器，放射橙黄色光；两色相映，极为美丽。妇人把它簪在发间，作为夜舞时的装饰。在萤火虫自己，可以引诱异性，威胁敌害，有生活上的意义。

在电灯、煤气灯、霓虹灯交相辉映的上海，无法看到萤火虫。故乡的萤火虫，更是一年，两年，几乎十年没有见过了。最近乡间来信说，三个月没有下雨，田里的稻都已枯死，桑树也都凋萎。那么，小小的池塘，当然已经干涸，稻田树林都已改换了景色，不知是否萤火虫也少了。我那辛苦劳动的邻舍们，在夜晚，还有心情纳凉，还能有一些笑声吗？

雷　雨

叶至善

　　雷雨在常见的自然现象中，可以算是最动人心魄的了。闷热的夏天的午后，天空里堆积起大块的云。一霎时，气温突然下降，狂风，骤雨，闪电，响雷，跟着都来了，还可能夹着冰雹。使人烦躁的天气，不一刻工夫就变得清凉，爽快，舒适。等到雨一住点，风也息了，云也消了。青天经雨洗过，显得格外明亮。夕阳照在湿淋淋的大地上——好一个晚晴天！

　　在闷热的夏天，雷雨好像是大自然给人们的一种调剂，一种恩典。原来夏季里，太阳正对着北半球，直晒的阳光使地面上的水比别的季节都蒸发得快。贴近地面的空气因为温度增高，又能够包容更多的水蒸气。要是没有风，在贴近地面的空气中，水蒸气很快就要达到饱和了，也就是说，空气中容不下更多的水蒸气了。这时候，地面上的水不再继续蒸发。咱们身上又黏又湿，随你怎样扇扇子，汗水总不得干。咱们感觉到昏闷，热得喘不过气来。

　　在这闷热的当儿没有一丝风，可是你别以为空气沉滞着，一丝儿不动，贴近地面的空气正在猛烈的往上升。温度增高，水蒸气增多，都使得空气变轻，使得空气往上升。高空中并不像地面上那样热，含水蒸气多的热空气一边往上升，一边就渐渐地凉下来，大约每升高一百米，温度就降下摄氏一度。空气一凉，就包容不了原先那么多的水蒸气了；一部分水蒸气不得不析离出来，凝结成小水点。我们在地面上看，天空里起云了。

　　为什么这些小水点不马上落下来成为雨呢？这些小水点太小了，上升的空气托住了它们，不让它们往下落。在闷热的夏天的午后，从地面上升的空气的力量非常大，不但能托住小水点，还会把小水点不断地往高处推，于是云越堆越高。这样生成的云，样子很特别——在闷热的夏天的午后经常可以看到——底脚几乎是平的，上面重重叠叠，好像积雪的山峰，又好像大理石的城堡，在阳光的照射下，明暗特别分明。这样的云，在气象学上有个特别的名词，叫作积云。

积云的底脚离地面大约两千米，这就是说，地面上的热空气升到那样高，就有大量的水蒸气凝结成小水点了。它的顶可能离地面一万多米。那样高的高空非常冷，温度在水的冰点以下。在积云越堆越高的时候，我们可以看到它的顶部向外伸展开来，样子好像是铁匠打铁用的钻，四周还现出雪白的绸子一样的薄云，那就是水蒸气结成的冰花。

别瞧积云像高高的山峰似的，模样儿很宁静，它里面正在剧烈地翻腾。小水点并成了水滴要往下落，跟上升的空气发生了猛烈的冲突。水滴和空气互相摩擦，使云带了电：空气带着阴电升到云的顶部；水滴带着阳电降到云的底部。因此云的顶部，阴电越积越多；云的底部，阳电越积越多。地面受了云的底部的阳电感应，也带了阴电。

惊心动魄的场面马上开始了，一阵吹得倒人的大风，紧跟着便是弹丸似的雨点。大颗的水滴终于冲破了上升的空气，从云端里掉下来。下层的热空气给雨一淋，骤然冷却，骤然收缩，向地面直压下来，因此狂风赶在雨点之前来到。这时候，天空里树枝状的电光一闪一闪，雷声隆隆的。这些闪电，有的发生在积云和地面之间，有的从一块积云的顶部直贯穿到底部，也有的发生在两块积云之间。给闪电穿过的空气立刻猛烈爆炸。要是闪电离咱们近，咱们眼前一亮，紧接着听到一声清脆的霹雳；要是离咱们远，电光闪过之后，还得待上好一阵，咱们才听到雷声。因为声音在空气中传播的速度比光慢。有时候隆隆的雷声拖得很长，好像车轮在云端里碾过，那是云块、山岭和地面把雷声来回反射的缘故。

雷雨有时候夹着冰雹。冰雹要在地面上特别热，空气上升的力量特别强，高空中又特别冷的时候才会有。积云的顶部伸展到温度在冰点以下的高空中，一部分的水滴本来已经凝结成冰珠了。这些冰珠从高空里降下来，要是来不及融化，又被猛烈上升的空气推了上去。到了高空中，冰珠外边又凝上了一层冰。这样落下来推上去，冰珠一层又一层地越裹越大，终于冲破了上升的空气的阻拦，从高空中直掉下来。有些冰雹比鸡蛋还大，往下掉的劲儿又很猛，庄稼，树木，房屋，人畜，往往会受到很大的损害。亏得不是每一场雷雨都有冰雹。

雷雨在夏天最常见，可是不一定夏天才有。含水蒸气较多的下层空气猛烈上升，都可能造成一场雷雨。有时候，高空中过分冷，贴近地面的含水蒸气比较多的空气跟高空的空气相比，显得轻多了，于是就猛烈上升，夜间海洋上的雷雨大多是这样造成的。有时候，从北方来了强大的冷空气团，会把贴近地面的含水蒸气比较多的空气直推到高空中去，所以冬天也可能发生雷雨。也有的时候，带着很多水蒸气的风给高山阻挡了，沿着山坡直往上升，也会造成一场雷雨。在夏天，发生雷雨的原因大多是贴近地面的空气太热，含水蒸气太多。由这种原因酿成的雷雨，通常叫做热雷雨。

常见的热雷雨开始在午后三点到五点之间，这正是一天中最闷最热的时候。不消一两个钟头，雨住了，风息了；闪电，打雷，一切扰乱的现象全都成了过去。云推开了，或者竟消散了，天上还可能出现一条美丽的彩虹。雷雨的时间虽然很短，雨量却非常大。在陆地上，夏天的雷雨几乎要占到全年雨量的三分之一。因此，庄稼人也非常看重雷雨。你可曾想到，在咱们闷热得喘不过气的时候，庄稼也像咱们一样正渴望着来一场雷雨。可是在山岳河谷地带，雷雨也可能造成灾害。这样的骤雨会造成山洪暴发，冲毁公路、铁路、桥梁；也会使河水暴涨，冲刷两岸的农田村庄，淹死人畜。

因为雷雨是由局部地面的空气上升而造成的，所以面积不会很大，下雨的地带通常只有三五十公里长，十几公里宽。界线的分明也是雷雨的特点。有时候只隔一条河，这一岸下着大雨，对岸仍旧是大晴天。所以谚语说，"夏雨隔爿田"。

雷雨的时间短，面积小，可是以全地球来说，雷雨的场数大得惊人，据说每天有四万四千多场；在任何时间内，都有一千八百场雷雨正在进行，大多发生在热带。我国雷雨最多的是广东北部南岭一带，因为那边热而潮湿，南岭又挡住了含水蒸气比较多的海风。沿海和华南一带也比较多，黄河以北就少了，甘肃、宁夏一带气候干燥，雷雨更少见，可是下起来常夹着冰雹。

太阳石——煤的故事

朱志尧

在显微镜下观察煤

人类发现和使用煤，已经有好几千年的历史了。但是，煤到底是由什么东西变成的？这个问题，却有很长时期没有得到解决。

有人看见煤和石油一样生成在地下，一样可以燃烧发热，于是就猜想说：煤大概就是一种凝固和硬化了的石油。

有人看见火山爆发，从地底下喷发出大量炽热熔融的岩浆，于是就得出结论说：煤可能是从地底下的火山里抛出来的。

直到中世纪末期，人们还都认为，煤和其他岩石一样，是地球生成以来就存在的东西。

煤为什么能燃烧呢？当时有些学者抱着这样一种神秘的见解，认为大自然中有一种奇怪的液体，叫做煤液，石头吸收了这种煤液，就变成可以燃烧的煤。

但是，神秘的煤液谁都没有见到过。

今天，甚至我们的小学生们都知道，上面这些说法都是不对的。现在我们知道，煤是由古代的植物变成的。

煤由植物变成，这有没有事实根据呢？有，而且根据很多。

在有些煤里，人们甚至用肉眼也能看出，里面有植物的根和树皮的痕迹。地质学家还从煤层中发现过完整的树干。

仅仅这一些根据还不够。人类要认识自然，必须仔细地观察和研究自然；

我们要认识煤，也就得仔细地观察和研究煤。

一块块黑色的亮晶晶的煤，如果单凭我们的肉眼来观察，那是什么名堂都观察不出来的。肉眼观察不行，可以靠仪器帮忙。

多谢荷兰的雷汶胡克！他在二百八十年前用玻璃制成了世界上第一架显微镜。显微镜扩大了我们的眼界，帮助我们认识和发现了许多我们以前所不认识和不了解的东西。

一架小小的显微镜，可以把我们要观察的东西放大几百、几千倍。

为了在显微镜下观察煤，需要把煤切成薄薄的切片，这切片薄得很，只有百分之几毫米厚。把这种切片用特种胶粘在显微镜的物镜处，从下面用光把它照亮，就可以开始观察了。

煤的切片在显微镜下变成了透明的东西，并且呈现出各种不同的颜色。仔细地观察一下，你可以看到透明的煤的切片上有许多条长长的纤维，这是植物组织的遗骸。那些淡黄色乃至暗红色的扁平小环，直径零点零三至一点五厘米，在植物学上叫做孢子，古代的植物就是依靠它们来繁殖后代的。

切片上面还有许多黄色、红色和黑褐色的块状物或长长的条带，这是过去植物的皮层组织——角质层所变成的。

在显微镜下的植物细胞组织，看起来就更有意思：细胞的空隙呈深灰色或黑色，而磨光和发亮的细胞壁却呈现出白或淡黄的颜色。

此外，我们还能从煤中看到有许多淡黄色、黄色或橘黄色的椭圆状或蛋胚状物，这些是植物中蜡质和脂肪质的遗体。

看来问题已经十分明显了，上面的一切事实都证明：煤的生成和植物的确有极其密切的关系。

但是，人们并不满足于这些显微镜下的论据。这一切涉及的还只是煤的外表。为了进一步认识煤，应该洞察煤的内部。

这一个任务落到了化学家们的身上。

下面就让我们来听听化学家们讲述的故事吧。

化学家证实了地质学家的结论

世界上有成千成万种不同的东西：木头啦、砖石啦、钢铁啦、空气啦，等等。它们有极不相同的性质和用途。

但是，化学家们却告诉我们，构成世界上成千成万种不同东西的基本物质只有一百零几种，这一百零几种的基本物质（有十几种还只能用人工制造）叫做化学元素。

在一百零几种的化学元素当中，碳要算是最奇怪、最有趣的一种了。它能和许多别的化学元素化合到一起，形成几百万种复杂奇妙的化合物！

几乎所有有生命的物体内的物质，都是含有碳的，我们把这种含有碳的化合物叫做有机物。

曾经有人估计过，在现在活着的动植物有机体里，碳的含量大约有七千亿吨！

前面已经说过，有一种简单的分析煤的成分的方法，叫做工业分析法。工业分析的结果，我们找到了煤中水分、灰分、挥发物和固定炭的含量。

还有一种分析法叫元素分析法，元素分析的结果应该告诉我们，煤是由哪些基本的化学元素构成的。

化学家告诉我们，煤中含有大量的碳。这些碳不是单独存在的，它和煤中其他的元素结合到一起，成了许许多多复杂的化合物。这些化合物有这样多，以至直到现在我们还只能知道煤的构成的大概情况。

除了大量的碳以外，煤中还含有许多别的化学元素，例如氢、氧、氮、硫等等。

碳、氢、氧、氮、硫五种元素加起来，共占煤的成分的百分之九十五以上。

这五种化学元素的性质，差不多在每本化学教科书里都可以找到。

你见过金刚石吗？那种被人们叫做"钻石"的金刚石，有特别的、透明的、亮亮的光泽，任何石头、任何天然和人造的东西，都没有金刚石那样坚硬。

可是你知道吗，金刚石就是一种最纯的透明的结晶碳！

自然界中还有另外一种碳，这种碳叫做石墨。软而色黑的石墨是制造铅笔的原料。

至于木炭，那你一定很熟悉。木炭的主要成分也是碳。

碳这种元素的性质，我们看看金刚石、石墨和木炭就知道了。

氢是一种无色无臭的气体，它很轻，同样体积的氢气和空气，氢气只有空气重量的十几分之一。把它装进气球里，气球就会飞升到空中。

氧和氮也是无色无臭的气体，氧能助燃，可以供人呼吸，而氮气没有这种本领。我们周围的空气，就是由五分之一的氧气和五分之四的氮气组成的。

至于硫，是一种可以燃烧的黄色的固体。

你看，组成煤的这些化学元素和煤本身有多么大的差别啊。但是这是事实，煤的确是由这许多元素组成的。原来经过化学上的所谓"化合作用"以后，组成化合物的元素都已经"面目全非"了。

为了进一步认识煤，需要确定煤里含的各种化学元素的多少。

化学家们完满地做到了这一点，他们仔细地分析了煤的组成，精确地测定了各种元素的含量，并且用它和别的东西进行了比较。当他们把煤和木材进行比较的时候，得到了下面很值得注意的结果：

一百公斤煤当中，平均含有八十二公斤碳，四点五公斤氢，十二点七公斤氧，零点八公斤氮；

一百公斤木材当中，平均含有五十公斤碳，六公斤氢，四十三公斤氧，一公斤氮。

这里我们没有提到硫等别的元素，因为它们在煤和木材里面的含量太少了。

这个有趣的比较告诉我们，煤中的元素的种类和含量非常近似于木材，木材和煤相比，只是少含了一些碳，而多含了一些氧。

化学家们于是证实了前面地质学家提出的结论：煤是由植物形成的。古代的植物在一定的条件下，经过各种各样复杂的变化，失去了一部分氢和氧，因而相对地大大增加了碳元素含量——这就是木材和煤中这儿种元素的含量并不完全相同的道理。

这就是"太阳石"这个名字的由来

是什么东西推动着火车轮船前进的呢？

"是煤，是蒸汽。"很多人一定会这样回答说。

"不！是太阳，是千万年以前的太阳光！"——如果有人这样回答这个问题，那一定会使很多人感到惊异不止的。

用不到惊奇，这的确是事实。

不错，是煤的燃烧使水变成蒸气，是蒸气的力量推动着火车轮船前进。但是人们要问："煤里面的能量是从哪里来的呢？"

回答看来只能是这样：煤既然是由植物变成的，那么煤里面的能量当然就是从植物那里来的了。

可是人们还要追问："那么植物又是从哪里去获得这些能量的呢？"

关于这个问题，就需要请我们的植物学家来解答了，他们对植物的生活比谁都了解得清楚。

不论花草还是树木，凡是植物总是由幼苗逐渐发育成长的。植物越大，储藏在它里面的能量越多；植物成长的过程，也就是它储藏能量的过程。我们问植物里的能量是从哪里来的，实际上也就是等于说："植物是怎样发育成长的？"

春天到了，我们抬头望一下窗外，屋子外边长满了各种各样的花草和树木，数不清的绿叶在微风的吹拂下轻轻地颤动。植物学家说："因为植物叶子里有一种名叫叶绿素的小颗粒，所以才显现出苍翠碧绿的颜色。"

小小的叶绿素和整个植物的生活有极密切的关系。因为叶绿素有这样一种特殊的本领，它能够通过叶片上千千万万个气孔，从空气当中吸收一种名叫二氧化碳的气体。它同时又吸收大量的太阳光，依靠太阳光的能量，叶绿素截留了，二氧化碳气体中的碳，加上植物根部送来的水分，把它们改造成了植物生存所需要的东西——淀粉，再进一步把淀粉变成葡萄糖，变成蛋白质和脂肪，然后输送到植物的其他各部分去。

　　这个奇妙的变化过程，在植物学上叫做"光合作用"。只有叶绿素才具有进行这种"光合作用"的本领。有了叶绿素，植物的每片叶子才能变成一个"制造生命的工厂"。

　　但是，要是没有了太阳光，结果会是怎样呢？

　　太阳光是"制造生命的工厂"里的原动力。在植物叶子进行"光合作用"的时候，大约要吸收射到它上面的太阳光能量的百分之四十。要是没有了太阳光，这些"制造生命的工厂"就只好停止生产。

　　"光合作用"的结果是产生淀粉、糖类等有机物，这些有机物构成了植物的组织，而大量的太阳能也就在这些植物组织中被保存了下来。

　　以后，植物组织变成了煤，这些被保存下来的"凝固"了的太阳能也跟着转到了煤里。

　　现在让我们来总结一下这个变化吧。植物叶子吸收了空气中的二氧化碳，截留它里面的碳而放出氧气，并依靠太阳光的能量使碳和根部送来的水分起变化成了复杂的有机物。在这个变化过程中，参加变化的东西是二氧化碳、水分和太阳光，变化以后生成的东西是植物的组织和氧气。

　　植物的组织变成了煤，煤在燃烧的时候，发生了另外一种变化：煤里面的碳和氢，分别和空气中的氧结合，结果生成了二氧化碳和水分，同时放出

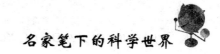

大量的热量。在这个变化过程中，参加变化的是煤和氧气，变化以后的产物是二氧化碳、水分和大量的热。

现在你看，这多有意思！这两个变化不正好是一正一反吗？变化的前前后后，始终是那几种东西。只是在第一种变化——植物组织的形成过程中，吸收了大量的太阳光；而在第三种变化——煤的燃烧过程中，放出了大量的热。既然是植物的组织变成了煤，那烧煤时放出来的热量，不就是千万年以前植物所吸收的太阳光吗？

怪不得有人把煤叫做"阳光的仓库"。今天我们开采煤矿，利用煤来燃烧发热，实际上就是解放几千万年甚至几亿年以前储藏在植物组织里的太阳光，使这些太阳光出来为人类造福！

说到这里，你对"太阳石"这个名字的由来也一定完全明白了。

影子的故事

萧建亨

　　每天，当你和同学们背着书包一同上学的时候，你注意过你的影子吗？有时，我们不是一边走着一边互相踩着影子闹着玩的吗？有人认为，影子被人踩着了要倒霉的。当然，这都是迷信，不过，关于影子，倒真有许多故事可以说一说的。

唐小西怎样和他的影子告别的

　　读过严文井写的《唐小西在下一次开船港》那本有趣的童话的人，也许还会记得：唐小西因为老是"玩儿不够"，把"时间小人儿"给气走了，以后，他交上的坏朋友灰老鼠为他换了一个影子；这影子可坏极了，老是出坏主意；最后，唐小西决定和那个唠唠叨叨的坏影子告别，他掏出一把六开小刀，打脚后跟起，一下子就把影子给割开了……

　　严文井写的是个童话，可是你别以为，只有在童话里才有这种坏影子，在现实生活里，有时影子也会和我们捣蛋，使科学家们、工程师们大伤脑筋……

　　外科医生在动手术的时候，就常常觉得影子在妨害他们。灯光照在外科医生的手上，手的影子投到伤口上，黑黑的影子使外科医生老是分不清哪是血管，哪是神经，一不当心就会造成手术事故。外科医生向工程师们求救："老兄，请您给想想办法！"工程师们当然没有唐小西那样的本领，一下子就把影子给割掉，他们只好在灯光上打主意。工程师们记起了这样的情景：房间里如果只有一盏灯，人们就会投下一道又黑又浓的影子，如果有两盏方向不同的灯同时照着，这时，所有的东西就会向两个方向投着两道淡淡的影子，——一只灯产生的影子，这时被另一只灯的光冲淡了。工程师又记起了：如果在一个四方装着很多灯的辉煌的房间里，人的影子就会更分散，更淡……有了！工程师们决定在手术台上装上更多的灯，让这些灯排成一个大圆圈，灯光从不同的方向射向外科医生的手；外科医生的手也向四面八方投出了一圈极淡极淡的影子，这影子是这样的淡，就像外科医生手的影子完全消失了一样。

假如你有机会到医院手术室去参观的话，那你就会看见，每只手术台上都挂着一只大大的、圆形的灯；现在你可知道了，那就是著名而奇妙的"无影灯"。

"等影子十步长的时候，你来吧!"

两千多年以前，著名的希腊剧作家阿里斯托芬，在一个喜剧中写了一个这样的场面：一个雅典女人对她的丈夫说道："等影子十步长的时候，你涂了香油来吃饭吧!"

猛地看到这句话，你一定会觉得莫名其妙。影子和吃饭又有什么关系呢？其实，如果你知道，这儿影子的长短是代表着"钟点"，那你就一点也不会觉得奇怪了。

当你早晨到学校去的时候，你一定注意过：这时你的影子总是拖得长长的，可是越近中午，你的影子就越变越短。影子，是随着太阳的位置在改变的，换句话说，它们是随着一天的时间的推移，在改变。这个现象，古人也早已注意到了。那时候，当然还没有我们现代的各种钟表，于是古代的聪明人就想到：为什么不用影子来确定时间呢？他们在广场上竖立一根高大的石柱，谁要想知道现在是什么时刻，让他来量量石柱影子的长短就可以了。

用影子来确定时刻，在古代应用了很长很长的一段岁月。心巧的人们，还不断地改良和发展了它。人们用石头制造了一个周围刻着十二个时辰的圆盘，圆盘的中心插上一根铁针，随着太阳的转移，铁针投下的影子也在移动着。这样，铁针的影子就为人们指出了时刻。这就是在中国、巴比伦古代流行过的"日晷"。

月亮的影子帮助了历史学家

古代的人们，早就学会了怎样利用影子，可是他们对另外一些影子，却感到非常的惊恐。

月亮绕着地球旋转，当它绕到太阳和地球中间的时候，就会把太阳光挡住。月球巨大的影子投向地球，在地面上迅速地滑过，这时被月球影子笼罩着的人们，就会看到"日食"。

从前，人们不明白日食的道理，因此，当他们碰到了月亮的影子后，就特别的害怕。太阳被一个黑黑的东西遮住了，他们想：这一定是什么"妖魔"在那儿吞食太阳；怎样来帮助太阳逃出这场灾难呢？赶快烧香拜佛吧，菩萨会保佑咱们的太阳的！不然就敲锣打鼓，把妖魔吓跑。

古时候的人们，一直把日食当做是个灾难的预兆。碰到日食，历史学家们一定把它们记入史册，诗人们就用诗歌来描绘它。年复一年，他们不断地把这"恐怖的影子"发生的时间、地点记了下来，他们这样做，决没有想到，这正是为他们的后代做了一件大大的好事！

在十二世纪末叶，俄罗斯伊戈尔王公曾和波洛威茨人在顿河一带发生过一次激烈的战争。在这次激烈的血战中，伊戈尔王公虽然全军覆没，可是在历史上却留下了很深的影响。后来，有许多民间诗人为了歌颂他，写出了一本著名的《伊戈尔王子远征记》；历史学家们也把这次事件郑重地记入了史册。可是，经过了几百年的传抄，当现代的历史学家再重新来研究这个事件的时候，他们却无法决定这次战争的确切年代。因为，在一本古史上明明是记着 1183 年，而另一本却写着 1185 年，到底是在哪一年呢？

历史学家、考古学家都无法完成这个任务，可是没有想到，天文学家却帮助他们找到了答案。

天文学家仔细地翻阅了古代的史册，以及描绘这次战争的一些诗歌。他们在一首诗歌上看到了这样的诗句：

伊戈尔站在顿涅茨河畔，

他看到自己的部队仿佛被黑暗所笼罩。

他抬头望那明亮的太阳，

只见太阳变成了一弯月牙，

月牙的两角中好像装着燃炽的炭。

漆黑的天空上星星开始一闪一闪。

人们只感到头晕目眩。

很清楚，这里描绘的是日食！伊戈尔的部队在渡过顿涅茨河的时候，碰上了月亮的影子。在一部古史里也有这样的记载。天文学家们立刻进行计算，日食是不会改变它的时间的，地球、月亮是按照铁一样的规律在运转，天文学家们不但可以把未来看到日食的时间、地点事先推算出来，而且也能把过去发生日食的时间准确地计算出来。他们算出，1185 年 5 月 1 日下午 3 时 25 分，月球产生的影子，刚好在顿涅茨河一带滑过。这次战争一定发生在 1185 年的 5 月。

月亮的影子，曾使古代的人感到恐怖，可是它们却帮助了现代的历史学家，使他们解决了许多重大的历史之谜，不但确定了这些重大历史事件的年份，而且还能确定它们发生的日期、钟点和分秒！

工程师们怎样利用影子

别以为影子只为古代的人们服务，不，影子在现代的生活中也起着重大的作用。

有一次，我到一个现代化的电子管厂去参观。工程师拿出了许多电子管的零件给我看："请注意，我们这里对零件的要求是很严格的，尺寸稍不合格，电子管就会成为废品。"

这些零件都是一些精巧的小玩意儿。其中有一块打着许多洞眼的云母片片，引起了我的注意。据工程师说：电子管里所有的零件都是固定在这块薄薄的云母片上的。我拿起了那块云母片片翻来覆去地瞧，不由地产生了这样的疑问："他们是怎样知道这些样子复杂的零件合不合规格的呢？"

"我们用影子！"工程师回答说。他把我带到一间拉着窗帘的屋子里去。屋子里，有一位工人在一台仪器前安静地工作着。他把云母片放到仪器里，

然后打开仪器里的电灯，灯光射向云母片，然后再经过光学仪器的放大，在一块毛玻璃上投下了一个巨大的影子——放大了的云母片片的影子。

现在，可以用尺来量这个影子了！不，工人叔叔想得还要巧，他们用一块尺寸标准的大样板来和影子比较。影子要是和样板重合，零件就是合格的，不然，就把它们挑出来。

许多样子复杂的零件都可以用这个方法来测量，这里，影子又帮助了工人和工程师们，使他们大大地提高了生产的速度。

影子和我们的生活

据说，汉武帝的夫人李氏死后，汉武帝还是常常思念她。有一次，来了一个名叫少翁的人，对汉武帝说，他有法子把李夫人的魂魄招回来，与汉武帝见面。到了晚上，少翁布置了一块布幕，要汉武帝在幕的一边坐着。他呢，在幕的一边点起了灯，耍起法术来了。隔了一会，嘿！汉武帝看见布幕上果然出现了一个黑黑的人影，这影子就和李夫人的侧影一模一样。

你以为那幕上出现的真是李夫人的"魂魄"么？当然不是，假如你曾经看过"影子戏"的话，你就会想到，少翁不过是剪了一些纸人，让它们在蜡烛前面活动活动罢了。烛光照在纸人上，然后又在布幕上投下了一个黑影。据说，从前在民间盛为流传的影子戏，就是这样发明的。

影子戏，由于形象明朗、黑白分明，因此产生了一种特殊的魅力，使看过的人久久不能忘怀。不过，随着科学的发展，人们还创造了一种力量更强大的"影子戏"——"活动电影"。这种"活动的影子"不但会使我们欢笑、感动，甚至还会使我们流泪；它们已经这样深深地进入了我们的生活，真成了我们现代人的一个"形影不离"的好朋友。

影子帮助了天文学家

在南北极探险家的口里，一直流行着一句话："我们对南极的了解，还没有天文学家了解月球那样清楚哩！"

探险家们的这种说法，并不是故意夸大。因为，万年的冰雪封住了南极的秘密，使科学家们无法窥到南极大陆的"庐山真面目"，可是天文学家呢？他们不但绘制了月球表面的详图，而且还"量"出了月球表面山峰的高度！

天文学家是怎样知道月亮上山峰的高度的呢？他们依靠的是影子，依靠月球上山岭投出的影子量出高度的。

用光学仪器，可以测定出月球山峰影子的长度，然后再计算出这时光线是用什么角度射向山峰的。再用简单的三角学，就可以精确地算出月球山峰的实际高度。

影子——离开了我们三十八万公里以外的影子——不但告诉了我们月球山峰真实的高度，而且还为我们透露出了月球表面的实际情况；使天文学家们，能为宇宙航行家，编绘出一幅详细的月球图。

影子，在这里产生了神奇的力量，它战胜了时间和距离，成了我们手中的一个驯服工具，为我们忠实地服务着。

圆圆和方方

叶永烈

你认识圆圆和方方吗？

它俩是你的老朋友啦：圆圆就是你下象棋的棋子。可不是吗？每一颗象棋的棋子，都是圆溜溜的，所以叫"圆圆"；方方就是你下军棋的棋子。可不是吗？每一颗陆军棋的棋子都是四四方方的，所以叫"方方"。

有一天夜里，象棋正好和陆军棋放在一起，圆圆跟方方没事儿就开始聊天了。

圆圆觉得自己的本领大，它对方方说："你瞧瞧，世界上到处都是我圆圆的兄弟——汤团是圆的，乒乓球是圆的，脸盆、饭碗、茶杯是圆的，就连地球、太阳、月亮也都是圆的！"

方方听了不服气，它觉得自己的本领比圆圆强，说道："你瞧瞧，世界上到处是我方方的兄弟——书是方的，报纸是方的，床是方的，毛巾是方的，铅笔盒、信封、汉字是方的，就连天安门广场、人民大会堂也都是方的！"

它俩都觉得自己的本领大，你一言，我一语，吵到半夜，还是谁也说服不了谁。他俩吵着，争着，吵着，争着……声音越来越小，越来越轻——吵累了，争累了，夜深了，睡着了。

圆圆睡着了，开始做梦——

圆圆梦见自己来到建筑工地，一看：方方的同伴在那里——一大堆砖头都是方的。圆圆气坏了。说声"变"，就叫那些砖头都变成圆的。可是，用圆砖头砌成的房子，砖头会滚动，一下子就倒塌了。建筑工人叔叔对圆圆说："砖头不能做成圆形的。方的砖头能够紧密地砌在一起，墙壁非常结实，所以我们要方的，不要圆的！"工人叔叔说声"变"，砖头重新变成方的了，砌成的房子又结实又漂亮。

圆圆没办法，只好垂头丧气地离开了建筑工地。

圆圆来到了农村，一看，方方的同伴又在那里——成块成块的田都是方的。圆圆很不高兴，说声"变"，就叫那些田都变成圆形的。这下子，圆圆可高兴啦。可是，这时圆圆听见一个不高兴的声音："是谁把田都变成圆的？圆跟圆之间，多出来一大块、一大块空地，这怎么行呢？太浪费土地啦！"圆圆一看，原来是农民伯伯在说话。只听得农民伯伯说声"变"，田地重新成方的了，一块紧挨着一块。中间只留下一条细长的田埂，好让人们走路。

这一夜，圆圆做了好几个梦。在每一个梦里它都想把方方赶走，变成圆圆，可是都没有成功。这一夜，圆圆翻来又覆去，没睡好。

想不到，方方睡着了，也做起梦来——

方方梦见自己在公路上遇到一辆自行车。它一看见自行车的车轮是圆的，心里就火了。它说声"变"，自行车的车轮一下子就变成方的了。这时，自行车马上摔倒在地上。那骑自行车的阿姨从地上爬起来，非常生气，问道："是谁把我的车轮变成方的？方的车轮怎么滚动？"阿姨说声"变"，把车轮重新变成圆的，骑着自行车飞快地跑了。

方方没办法，东游西逛，来到了炼油厂。它一看，炼油厂的贮藏汽油的油罐怎么都是圆的，很不顺眼。它说声"变"，把油罐一下子变成了方的。想不到，这下子可闯祸了，油罐里的汽油直往外冒。方方知道，汽油是很危险的东西，一见火就会烧起来，不得了！油罐生气地说："是谁把我变成方的？要知道，石油工人把我做成圆的，是因为圆形的东西装得最多。一变成方形的，油就装不下，流出来了。"方方一听，赶紧大叫："变，变，变……"

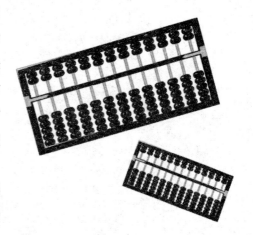

这时，圆圆一夜没睡好，刚刚睡着，就被方方大叫"变，变，变"的

声音吵醒了。

圆圆问方方为什么连声叫"变"，方方不好意思地把自己做的梦告诉了圆圆。

圆圆一听，脸也红了，不好意思地把自己做的梦也告诉了方方。

从此，圆圆跟方方再也不吵了，互相尊重，互相学习。因为它俩懂得：圆圆有圆圆的优点，方方也有方方的优点。

它们俩愉快地互相合作：

算盘里，圆圆的算盘珠住在方方的算盘框里，三下五除二，飞快地计算着。

在汽车中，方方的车厢坐在圆圆的车轮上，"嘟嘟——"飞快地前进。

还有，方方的电子仪器住在圆圆的人造卫星里。这时，圆圆的卫星在宇宙中飞行，方方的电子仪器用无线电波把太空中的见闻，告诉你和你的小伙伴。

"小伞兵"和"小刺猬"

孙幼忱

秋天，蒲公英妈妈的孩子们都长大了。他们每人头上长着一撮蓬蓬松松的白绒毛，活像一群"小伞兵"。许多小伞兵紧紧地挤在一起，就成了个圆圆的白绒球！

小伞兵有许多好朋友，那就是隔壁苍耳妈妈的孩子——小苍耳。小苍耳长得真奇怪，身体小小的，像个枣核，全身长满了尖尖的刺。小伞兵亲热地把他们叫做"小刺猬"。

有一天，一个顶小的小伞兵，对一个顶小的小刺猬说："我妈妈说，我和哥哥们不会老在这儿住下去的。"

"为什么呢？"小刺猬不明白。

"妈妈说，我们必须分散到别处去，藏在泥土里，才会像妈妈那样，长成一棵真正的蒲公英。"

小刺猬听了，想了一想说："可是，你们怎么到别处去呀？"

小伞兵还没有来得及回答，突然一阵秋风吹来，把小伞兵头上的白绒毛吹得飘呀飘地。白绒球儿一下子散开了，一个个小伞兵就像真的伞兵那样，张着降落伞飞到天上去了。

顶小的小伞兵飞在空中，快乐地大声喊道："小刺猬，瞧，风伯伯带我们去旅行了！再见，再见！"

好朋友走了，小刺猬真冷清呀！他们也想出去旅行，可是他们没有小伞，不能跟着风伯伯走。

有一天，来了一只小鹿。小鹿轻轻地从苍耳妈妈身边擦过，没想到许多小刺猬就挂在小鹿的毛上了。因为小刺猬身上全是刺呀！

小刺猬好像骑着一匹大马，也快快乐乐地出门旅行去了。

小鹿不停地跑着，跑着。他忽然觉得身上有点儿痒，就靠在一棵小树上，轻轻地擦起痒来。擦呀擦地，这个顶小的小刺猬被擦了下来，落在一片草地上。

小刺猬刚想看看这里是个什么好地方，却听见有谁在说："咦，小刺猬，你怎么也上这儿来啦？"

小刺猬回头一看，啊呀，原来就是那个顶小的小伞兵！小伞兵躺在地上，已经有一半给土埋上了。

看到好朋友，小刺猬真是高兴极了。他连忙回答说："是小鹿把我带来的……"

小伞兵和小刺猬又在一起了。风伯伯吹起又松又软的土，轻轻地盖在小伞兵和小刺猬的身上。

明年春天，小伞兵和小刺猬就会从泥土里钻出来。

到那个时候，小伞兵就是一棵真正的蒲公英了，像他的妈妈那样，长着有刺的叶子，开着美丽的小黄花。

小刺猬也是一棵真正的苍耳了，像他的妈妈那样，长着带锯齿的心脏形的叶子，开着绿色的小花。

蝉的故事

[法国] 法布尔

蝉和蚁

我们大多数对于蝉的歌声，总是不大熟悉，因为它是住在生有洋橄榄树的地方，但是曾读过拉·封丹的寓言的人，大概都记得蝉曾受过蚂蚁的斥责的吧，虽然拉·封丹并不是谈到这故事的第一人。

故事上说：整个夏天，蝉不做一点事，只是终日唱歌，而蚂蚁则忙于储藏食物。冬天来了，蝉为饥饿所驱，只有跑到它的邻居那里借一些粮食。结果它遭了难堪的待遇。

勤俭的蚂蚁问道："你夏天为什么不收集一点食物呢？"蝉回答道："夏天我歌唱太忙了。"

"你唱歌吗？"蚂蚁不客气地回答，"好啊，那么你现在可以跳舞了。"说完就转身不理它了。

但在这个寓言中的昆虫，并不一定是蝉，拉·封丹所想的恐怕是螽斯，而英文常常把螽斯译为蝉。

就是我们村庄里，也没有一个农民，会如此无常识地想象冬天会有蝉存在。差不多每个农民，都熟悉这种昆虫的幼虫，天气渐冷的时候，他堆起洋橄榄树根的泥土，随时可以掘出这些蛴螬。至少有千次以上，他曾见过这种幼虫穿过它自造的圆孔，从土穴中爬出，紧紧握住树枝，背上裂开：脱去它的皮，变成一只蝉。

这个寓言是诽谤。蝉确实需要邻居们很多的照应，但它并不是个乞丐。

每到夏天，它成阵的来到我的门外，在两棵高大筱悬木的绿阴中，从日出到日落，刺耳的乐声吵得我头脑昏昏。这种震耳欲聋的合奏，这种无休无止的鼓噪，简直使人无法思索。

有的时候，蝉与蚁也确实打交道，但是它们与前面寓言中所说的刚刚相反。蝉并不靠别人生活。它从不到蚂蚁门前去求食，相反的，倒是蚂蚁为饥饿所驱，求乞于这位歌唱家。我不是说乞求吗？这句话，还不确切，它是厚着脸皮去抢劫它。

7月天气，当我们这里的昆虫，为口渴所苦，失望地在已经萎谢的花上，跑来跑去寻求饮料，而蝉却依然很舒服，不觉痛苦。用它生在胸前的突出的嘴——一个精巧而尖利如锥子的吸管，来刺饮取之不竭的圆桶。它坐在树的枝头，不停的唱歌，只要钻通坚固平滑的树皮，里面有的是汁液，吸管插进桶孔，它就可畅饮一气。

如果稍许等一下，我们也许就可看到它遭受意外的烦扰。因为邻近有很多口渴的昆虫，立刻发现了蝉的井里流出浆汁，它们起初是安静小心地跑去舐食。这些昆虫大都是黄蜂、苍、蚰妮、玫瑰虫等，而最多的却是蚂蚁。

身材小的为了要达到这个井，就偷偷从蝉的身底爬过，蝉却很大方地抬起身子，让它们过去。大的昆虫，抢到一口，就赶紧跑开，走到邻近的枝头，当它再回转头来，胆量比从前忽然大起来，一变而为强盗，想把蝉从旁边驱逐掉。

顶坏的罪犯，要算蚂蚁。我曾见过它们咬紧蝉的腿尖，拖住它的翅膀，爬上它的后背，甚至有一次一个凶悍的强徒，竟当我的面，抓住蝉的吸管，想把它拉掉。

最后，麻烦越来越多，这位歌唱家无可再忍，不得已抛开自己所做的井，悄悄地溜走。于是蚂蚁的目的达到，占有了这个井。确实这个井干得很快；但是当它喝尽了里面所有的浆汁以后，还可以等待机会再去抢劫别的井，以图第二次的痛饮。

你看，真正的事实，不是与那个寓言正相反吗？蚂蚁是顽强的乞丐，而勤劳的生产者却是蝉。

蝉的地穴

我有很好的环境可以研究蝉的习性，因为我是与它同住的。7月初临，它就占据了靠我屋子门前的树。我是屋里的主人，门外它却是最高的统治者，不过它的统治无论怎样总是不很安静的。

蝉的初次发现是在夏至。在阳光曝晒、久经践踏的道路上，有好些圆孔，与地面相平，大小约如人的拇指。通过这些圆孔，蝉的幼虫从地底爬出，在地面上，变成完全的蝉。它们喜欢顶干燥、阳光顶多的地方；因为幼虫有一种有力的工具，能够刺透焙过的泥土与沙石。当我考察它们遗弃下的储藏室时，我必须用斧头来挖掘。

最使人注意的，就是这约一寸口径的圆孔，四边一点垃圾都没有，没有将泥土堆掷弃在外面。大多数的掘地昆虫，例如金蜣，在它的窠巢外面总有一座土堆。这种区别是由于它们工作方法的不同。金蜣的工作是由洞口开始，所以把掘出来的废料堆积在地面；但蝉的幼虫是从地底上来的，最后的工作，才是开辟门口的出路。因为门还未开，所以它不可能在门口堆积泥土。

蝉的隧道大都是深达十五至十六寸，通行无阻，下面的地位较宽，但是在底端却完全关闭起来。在做隧道时，泥土搬移到哪里去了呢？为什么墙壁不会崩裂下来呢？谁都要以为蝉的幼虫用了有爪的腿爬上爬下，会将泥土弄塌了，把自己的房子塞住的。

其实，它的动作，简直像矿工，或是铁路工程师。矿工用支柱支持隧道，铁路工程师利用砖墙使地道坚固，蝉同他们一样聪明，它在隧道的墙上涂上水泥。在它的身子里藏有一种极黏的液体，就用它来做灰泥，地穴常常建筑在含有汁液的植物根须上的。它可以从根须取得汁液。

能够很随便地在穴道内爬上爬下，对于它是很重要的，因为当它可以出去晒太阳的日子来到时，它必须先知道外面的气候是怎样。所以它工作好几个星期，甚至几个月，做成一条涂墁得很坚固的墙壁，适宜于它上下爬行。

在隧道的顶上，它留着一指厚的一层土，用来保护并抵御外面气候的变化，直到最后的一刹那。只要有一些好天气的消息，它就爬上来，利用顶上的薄盖，去考察气候的情况。

假使它估量到外面有雨或风暴——当纤弱的幼虫蜕皮的时候，这是一件顶重要的事情——它就小心谨慎地溜到温暖严紧的隧道底下。但是如果气候看来很温暖，它就用爪击碎天花板，爬到地面上来了。

在它臃肿的身体里面，有一种液汁，可以利用它来避免穴里面的尘土。当它掘土的时候，将液汁喷洒在泥土上，使它成为泥浆，于是墙壁更加柔软。幼虫再用它肥重的身体压上去，使烂泥挤进干土的罅隙里。所以，当它在顶上出现时，身上常有许多潮湿的泥点。

蝉的幼虫，初次出现于地面时，常常在邻近地方徘徊，寻求适当地点——一棵小矮树，一丛百里香，一片野草叶，或者一枝灌木枝——脱掉身上的皮，找到后，它就爬上去，用前爪紧紧地把握住，丝毫不动。

于是它外层的皮开始由背上裂开，里面露出淡绿色的蝉。头先出来，接着是吸管和前腿，最后是后腿与摺着的翅膀。此时，除掉身体的最后尖端，全体已完全蜕出了。

其次，它表演一种奇怪的体操，它腾起在空中，只有一点固着在旧皮上，翻转身体，直到头部倒悬，皱褶的翼，向外伸直，竭力张开。于是用一种几乎不可能看清的动作，又尽力将身体翻上来，并用前爪钩住它的空皮，这个动作，把它身体的尖端从壳中脱出。全部的经过大概要半小时之久。

在短时期内，这个刚得到自由的蝉，还没十分强壮。在它的柔弱的身体还没具有精力和漂亮的颜色以前，必须在日光和空气中好好地沐浴。只用前爪挂在已脱下的壳上，摇摆于微风中，依然很脆弱，依然是绿色的。直到棕色出现，才同平常的蝉一样。假定它在早晨九点钟占据了树枝，大概在十二点半，扔下它的皮飞去。空壳挂在枝上有时可以经过一两个月之久。

蝉的音乐

蝉似乎是由于自己的喜爱而歌唱的。翼后的空腔里带着一种像钹一般的乐器。它还不满足，还要在胸部安置一种响板，以增加声音的强度。有种蝉，为了满足音乐的嗜好，确实做了很多的牺牲。因为有这种巨大的响板，使得生命器官都无处安置，只好把它压紧到身体最小的角落里。为安置乐器而缩小内部的器官，这当然是极热心于音乐的了！

但是不幸得很，它这样自鸣得意的音乐，对于别人，完全不能引起兴趣。就是我也还没有发现它唱歌的目的。通常的猜想，以为它是在叫喊同伴，然而事实证明这个见解是错误的。

蝉与我比邻相守差不多十五年，每个夏天，将近两个月之久，它们总不离我的眼帘，而歌声也不离我的耳畔。我通常都看见它们在筱悬木的柔枝上，排成一列，歌唱者和它的伴侣相并而坐。吸管插到树皮里动也不动地狂饮，夕阳西下，它们就沿着树枝用慢而且稳的脚步旋转，寻找最热的地方。无论在饮水或行动时，它们从未停止歌唱。

所以这样看起来，它们并不是叫喊同伴。因为你不会费时几个月，站在那里去呼喊一个正在你身旁的人。

其实，照我想，就是蝉自己也不曾听见它这种兴高采烈的歌声。不过是想用这种强硬的方法，强迫别人去听而已。

它有非常清晰的视觉。它的五只眼睛，会告诉它左右以及上方有什么事情发生；只要看到有谁跑来，它立刻停止歌声，悄悄飞去。然而喧哗却不足以惊扰它，你尽管站在它的背后讲话，吹哨子，拍手，撞石子，它都满不在乎。要是一只麻雀，就是比这种声音更轻微，虽然它没有看见你，一定也会惊慌地飞去。这镇静的蝉却仍然继续发声，好像没有事一样。

有一回，我借来两支农民在节日用的土铳，里面装满火药，就是最重要的喜庆事也只用这么多。我将它放在门外的筱悬木树下。我们很小心地把窗开着，以防玻璃震破。在头顶树枝上的蝉，不知道下面在干什么。

我们六个人等在下面，热心倾听头顶上的乐队受到什么影响。砰！枪放出去，声如霹雳。

一点没有关系，它仍然继续歌唱。没有一点表现出一些扰乱的情况，声音的质与量也没有些微的改变。第二枪和第一枪一样，也不发生影响。

我想，经过这次实验，我们可以确定，蝉是听不见的，好像一个极聋的聋子，它是完全不觉得它自己所发的声音的！

蝉的卵

普通的蝉喜欢产卵在干的细枝上，它选择那最小的枝，像枯草或铅笔那样粗细；而且往往是向上翘起，从不下垂，差不多已经枯死的小枝干。

它找到了适当的细树枝，即用胸部尖利的工具，刺成一排小孔——这些孔好像用针斜刺下去，把纤维撕裂，把它微微挑起。如果它不被扰害，一根枯枝上，常常刺成三十或四十个。

它的卵就产在这些孔里的小穴中。这些小穴是一种狭窄的小径，一个个地斜下去。每个小穴内，普通约有十个卵，所以总数约在三四百之间。

这是一个昆虫的很好的家族。然而它之所以产这许多卵，理由是防御一种特别的危险，必须要产生大量的幼虫，预备被毁坏掉一部分。经过多次的观察，我才知道这种危险是什么。就是一种极小的蚋，它如果和蝉比较起来，蝉简直是庞大的怪物。

蚋和蝉一样，也有穿刺工具，位于身体下面近中部处，伸出来时和身体成直角。蝉卵刚产出，蚋立刻企图把它毁坏。这真是蝉的家族中之灾祸！大怪物只需一踏，就可轧扁它们，然而它们竟镇静异常，毫无顾忌，置身在大怪物之前，这真是令人惊讶。我曾见过三个蚋顺序地待在那里，同时预备掠夺一个倒霉的蝉。

蝉刚装满一小穴的卵，又到稍高的地方，另做新穴。蚋立刻来到这里，虽然蝉的爪可以够得到它，然而它很镇静，一点不害怕，如同在自己的家里一样，在蝉卵之上，加刺一孔，将自己的卵产进去。蝉飞去时，它的孔穴内，多数已混进了别人的卵，这能把蝉的卵毁坏。这种成熟很快的幼虫，每个小穴内一个，就以蝉卵为食，代替了蝉的家族。

几世纪的经验，这可怜的母亲仍一无所知。它的大而锐利的眼睛，并非看不见这些可怕的恶人，不怀好意地待在旁边。它当然知道敌人跟在后面，然而它仍然无动于衷，让自己被牺牲。它要轧碎这些坏种子非常容易，不过它竟不能改变原来的本能，解救它的家族，避免破坏。

从放大镜里，我曾见过蝉卵的孵化。开始很像极小的鱼，眼睛大而黑，身体下面，有一种鳍状物，由两个前腿连结而成。这种鳍有些运动力；帮助幼虫走出壳外，并且帮助它走出有纤维的树枝，这是比较困难的事情。

鱼形幼虫一出穴外，即刻把皮脱去。但脱下的皮自动地形成一种线，幼虫靠它能够附着在树枝上。它在未落地以前，先在此行日光浴，踢踢腿，试试自己的筋力，有时却又懒洋洋地在绳端摇摆着。

它的触须现在自由了，左右挥动；腿可以伸缩；在前面的爪能张合自如。身体悬挂着，只要有一点微风，就动摇不定，在这里为它将来的出世做好准备。我所看到的昆虫中再没有比这个更具奇观的了。

不久，它落到地上来了。这个像蚤一般大的小动物，在它的绳索上摇荡，以防在硬地面上摔伤。身体渐渐在空气中变硬。现在它投入严肃的实际生活中了。

这时，在它面前危险重重。只要有一点风，就能把它吹到硬的岩石上，或车辙的污水中，或不毛的黄沙上，或坚韧得无法钻下去的黏土上。

这个弱小的动物，很迫切的需要隐蔽，所以必须立刻到地底下寻觅藏身的地方。天气冷起来了，迟缓就有死亡的危险。它不得不四处找寻软土；毫无疑问，许多是在没有找到以前就死去了。

最后，它寻找到适当的地点，用前足的钩，扒掘地面。从放大镜中，我见它挥动斧头，将泥土掘出抛在地面。几分钟后，一个土穴就挖成了，这小生物钻下去，埋藏了自己，此后就不再出现了。

未长成的蝉的地下生活，至今还是未发现的秘密，不过在它未长成来到

地面以前，地下生活所经过的时间我们是知道的。它的地下生活大概是四年。以后，日光中的歌唱是五星期。

四年黑暗中的苦工，一个多月日光下的享乐，这就是蝉的生活。我们不应当讨厌它那喧嚣的凯歌，因为它掘土四年，现在才忽然穿起漂亮的衣服，长起可与飞鸟匹敌的翅膀，沐浴在温暖的日光中。什么样的钹声能响亮到足以歌颂它那得来不易的刹那欢愉呢？

蟋蟀的住宅

[法国] 法布尔

居住在草地的蟋蟀，差不多和蝉一样的有名，在有数的卓越昆虫中是很出色的。它的出名是由于它的唱歌和住宅。单有一样是不足以成此大名的。

在各种昆虫中，只有蟋蟀长大后，有固定的家庭，这是它工作的报酬。在一年中最坏的季节，大多数别种昆虫，都在临时的隐蔽所藏身，它们的隐蔽所得来既方便，弃去也毫不足惜。在这件事上，蟋蟀是超群的。

建造一所住房实在是一个严重的问题。不过这已为蟋蟀、兔子，最后为人类所解决。在我的邻近的地方，有狐狸和獾猪的洞穴，大部分是不整齐的岩石形成的。很少经过修整，只有个洞就算了。兔子要比它们聪明些，如果那里没有天然的洞穴，可使它住下以免外间的烦扰的话，它就拣它所欢喜的地方去挖掘住所。

蟋蟀比它们更要聪明得多。它轻视偶然碰到的隐蔽处，它常常慎重地选择住宅的地址，一定要排水优良，并且有温和的阳光的地方。它不利用既成的洞穴，因为不适宜，而且草率；它的别墅一点点都是自己掘的，从大厅一直到卧室。

除掉人类，我没有看到建筑技术有比它还高明的；就是人类，在搀和沙石和灰泥使它固结和用黏土涂壁的方法未发明以前，还是以岩石为隐蔽所和野兽斗争的。为什么这种识别的本能，单独赋予这种动物呢？最低下的动物，却可以有一个完善的住宅。它有一个家，它有平静的无上舒服的退隐之所；同时在它附近的地方谁都不能住下来。除掉我们人类以外，没有谁同它来争夺的。

它怎么会有这样的才能呢？它有特别的工具吗？不，蟋蟀并不是掘凿技术的专家；实际上，人因为看到它的工具的柔弱，所以对这样的结果就引以为奇了。

是不是因为它皮肤太嫩，而需要一个住家呢？也不是，它的同类，有和它一样感觉灵敏的皮肤，但并不怕在露天下生活。

那么它建筑住所的才能，是不是因为它身体的结构上的原因呢？它有没有做这项工作的特别器官呢？没有，我附近地方，有三种别的蟋蟀，它们的外表、颜色、构造，都很像田野的蟋蟀，猛一看，常常都当着是它。这些一个模子下来的同类，竟没有一个晓得怎么掘一个住所。一种双斑点的蟋蟀，住在潮湿地方的草堆里，孤独的蟋蟀，在园丁翻起的土块上跳来跳去；越来越多蟋蟀甚至毫无恐惧地闯到我们屋子里来，从8月到9月，在那些黑暗而凉爽的地方，小心地歌唱。

这四种类似的蟋蟀中，只有一种能掘穴，所以如果要知道本能的由来，还需更进一步去研究。

哪一个不晓得蟋蟀的家呢？哪一个在儿童时代，到田野里去游戏的时候，没有到过这隐士的房屋前呢？无论你走得多么轻，它都能听得见你来了，并且立刻躲到隐蔽地方的底下去。当你到的时候，它早已离开了它的门前。

人人都知道，用什么方法将这隐匿者引逗出来，你拿起一根草，放在洞中去轻轻地转动。它以为上面发生了什么事情，这被搔痒和窘恼的蟋蟀从后面房间跑上来了；停在过道中，猜疑着，鼓动它的细触须打探。它渐渐跑到亮光处来，只要一跑出外面，就很容易被捉到，因为这些事，已经将它的简单的头脑弄昏了。如果第一次，被它逃脱，它就会非常疑惧，不肯再出来。在这种情形之下，可以用一杯水将它冲出来。

我们的儿童时代，那时候可真羡慕，我们到草地去捉蟋蟀，养在笼子里，用莴苣叶喂它们。现在为了研究它们，我又搜索起它们的巢来了。儿童时代如同昨日一样，当我的同伴小保罗，一个利用草须的专家，在长时间的施行他的技术和忍耐以后，忽然兴奋地叫道："我捉住它了！我捉住它了！"

快些，这里有一个袋子！我的小蟋蟀，你进去吧，你可安居在这里，还有丰足的饮食；不过你一定要告诉我们一些事情，第一件必须让我看看你的家。

在朝着阳光的堤岸上，青草丛中，隐着一个倾斜的隧道，这里就是有骤雨，即刻也就会干的。这隧道最多是九寸深，不过一指宽，依着土地的天然情况或弯曲或成直线。差不多像定例一样，总有一丛草将这所住屋半掩着，其作用如一间门洞，将进出的孔道隐于黑阴之下。蟋蟀出来吃周围的嫩草时，决不碰及这一丛草。那微斜的门口，仔细耙扫，收拾得很广阔；这就是它的平台，当四周的事物都很平静时，蟋蟀就坐在这里弹它的四弦提琴。

屋子的内部并不奢华，有光泽，但并不粗糙的墙。住户很有闲暇去修理任何粗糙的地方。隧道之底就是卧室，这里比别处修饰得略精细，并且宽大些。大体上讲，是一个很简单的住所，非常清洁，没有潮湿，一切都合乎卫生的条件。在另一方面说来，假使我们想到蟋蟀用以掘地的工具的简单，这真是一件伟大的工程了。如果我们要知道它怎样做的和它什么时候开始做的，我们一定要从蟋蟀刚刚下卵的时候讲起。

我花园中的蟋蟀，被蚂蚁残杀尽，使我不得不跑到外面去寻找它们。8月，在落叶中的草还没有完全被太阳晒枯，我看到新生的蟋蟀，已经比较的大，在这个时期，它的生活是流浪的；一片枯叶，一块扁石头，已是够应付它的需要了。

许多从蚂蚁口中逃脱残生的蟋蟀，现在做了黄蜂的牺牲品，它们猎取这些游行者，把它们贮藏在地下。它们如果提早几个星期掘住宅，就没有危险了；但它们从未想到，它们老守着旧习惯。

一直要到10月之末，寒气开始迫人时，它们才动手造巢穴。如果以我观察关在笼中的蟋蟀来判断，这项工作是很简单的。掘穴决不是在裸露的地面着手，而是常常在莴苣叶——残留下来的食物——掩盖的地点。这里替代草丛的，似乎为了使它的住宅秘密起见，那是不可缺少的。

这位矿工用前足扒土，并用大腮的钳子，拔去较大的砾块。我看到它用强有力的后足踏，后腿上有二排锯齿；同时我也看到它扫清尘土，推到后面，将它倾斜的铺开。这样，你可以知道它全部的方法了。

工作开始做得很快。在我笼子里的土中，它钻在底下两小时，它不时地

到进出道口来，但常常是向后面不停地扫着。如果它感到疲劳，它可以在未完工的家门口休息一会，头朝着外面，触须无力地在摆动。不久它又进去，用钳子和耙继续工作。后来休息的时间渐渐加长，使我有些不耐烦了。

工作最重要的部分已经完成。洞有两寸深，已足供暂时的需用了。余下的是长时间的工作，可以慢慢地做，今天做一点，明天做一点。这个洞可以随天气的加冷和身体的增大而加深加阔。即使在冬天，只要是气候还比较温和，太阳晒在住宅的门口时，还是可以看见蟋蟀从里面抛出泥土来。在春季享乐的天气里，这住宅的修理工作仍然继续不已。改良和修饰的工作，总是经常地在进行着，直到主人死去。

4月之末，蟋蟀开始唱歌。最初是生疏而羞涩的独唱，不久，就成合奏乐，每块泥土都夸赞它的奏乐者了。我乐意将它列于春天唱歌者之首。在我们的废地上，百里香的欧薄荷盛开时，百灵鸟如火箭似的飞起来，扳开喉咙歌唱，将甜美的歌曲，从天空散布到地上。下面的蟋蟀，唱歌相和。它们的歌单调而无艺术性，但它的缺乏艺术性和它苏生之单纯喜悦正相适合，这里惊醒的歌颂，也是萌芽的种子和初生的叶片所了解的歌颂。对于这种二重唱，我敢说蟋蟀是优胜者。拿它的数目和不间断的音节来说，是可以当之无愧的。摇荡在日光下，散布着芬芳的欧薄荷，把田野染成灰蓝色，即使百灵鸟停止了歌声，田野仍然可以由这些淳朴的歌手得到一曲赞美之歌。

尾 巴

[前苏联] 比安基

苍蝇飞到人面前，向人说：

"你是动物之王，你什么都会做。你给我安一条尾巴吧！"

"你要尾巴来干什么？"人问道。

"所有的野兽有尾巴，不都是为了好看嘛！"苍蝇说，"我要尾巴，也是为了好看。"

"我还没听说过，有哪种野兽长一条尾巴是为了好看。再说，你没有尾巴，不也活得好好的么。"

苍蝇一听生了气，就给人捣起乱来了：一会儿落在甜点心上，一会儿落在人的鼻子上，一会儿在人的左耳旁嗡嗡叫，一会儿在人右耳旁嗡嗡叫。真正讨厌死了！人被他吵得再也受不了啦，就向他说：

"唉，好吧，苍蝇，你飞到树林里去吧，飞到河边去吧，飞到田野里去吧！要是你在那儿能找到一只有尾巴单是为了好看的飞禽走兽或者爬虫，那你就可以把它的尾巴拿去，我许可你拿。"

苍蝇听了很高兴，从小窗里飞了出去。

它飞过花园，看见树叶上有一条蛞蝓在爬，就飞到蛞蝓跟前，大声叫道："蛞蝓，把你的尾巴送给我！你长这尾巴是为了好看。""这叫什么话呀！这叫什么话呀！"蛞蝓说，"我根本没有尾巴——这是我的肚子。我把肚子一缩一放，一缩一放，才能往前爬。我是腹足动物。"

苍蝇发现自己搞错了，就往前飞去。

它飞到小河边，小河里有一条鱼、一只虾——他们俩都有尾巴。苍蝇向鱼说：

"把你的尾巴给我吧！你长尾巴是为了好看。"

"才不是为了好看呢！"鱼回答道，"我的尾巴是舵。你看：我需要往右拐弯的时候，就把尾巴往右摆；需要往左拐弯的时候，就把尾巴往左摆。我可不能把尾巴送给你。"

苍蝇向虾说：

"虾呀，把你的尾巴给我吧！"

"我不能给你，"虾说，"我的脚又细又弱，我不能用脚划水。我的尾巴倒是宽大有力。我用尾巴一拍水，身子就往前一弹。拍着，拍着，我就往前游去了，乐意往哪儿游，就往哪儿游。我的尾巴是当桨用的。"

苍蝇继续往前飞。它飞到树林里，看见啄木鸟蹲在树枝上。苍蝇飞到啄木鸟跟前说："啄木鸟，把你的尾巴给我吧！你长这条尾巴，只是为了好看。"

"你这话才叫怪呢！"啄木鸟回答，"我要是没有这条尾巴，还怎么凿树干，还怎么给自己找食吃，还怎么给孩子们造窝？"

"你用嘴好了。"苍蝇说。

"嘴当然是用得着的"，啄木鸟回答，"不过，没有尾巴也不成。喏，你看，我是怎样凿的。"

啄木鸟把又硬又结实的尾巴支在树皮上，把整个身子一晃，嘴照准树干凿了下去——只见木屑一阵乱飞！

苍蝇一看：不错，啄木鸟凿树的时候，的确是坐在尾巴上，它离了尾巴是不行的。尾巴是它的支柱。

苍蝇又往前飞。

它看见矮树丛里有一只母鹿，带着几只小鹿。母鹿的尾巴很短，是白色、毛蓬蓬的。苍蝇嗡嗡地叫了起来：

"母鹿，把你的小尾巴送给我吧！"

母鹿听了大吃一惊。

"你在说什么！你在说什么！"母鹿说，"如果我把尾巴给了你，那我的小鹿都得丢了。"

"你的尾巴对小鹿有什么用处？"苍蝇惊讶地问道。

　　“当然有用，”母鹿说，“比方说，有狼来追我们的时候，我得藏起来，就往树林里跑。小鹿跟在我后头跑。在许多树木当中，它们看不见我。于是我就摇小白尾巴。像摇手帕似的。‘往这边跑呀，这边！’它们看见前面有个白东西一闪一闪，就紧紧地跟在我后面跑。这样，我们一家子都可以逃命。”

　　没有法子，苍蝇只好再往前飞。

　　它飞了一会儿，碰见一只狐狸。嗬！这条狐狸尾巴真叫漂亮，蓬蓬松松的，火红火红的，美丽极了！

　　“好呀，”苍蝇心想，“这条尾巴准得归我了。”

　　于是它飞到狐狸跟前去嚷道：

　　“给我尾巴！”

　　“苍蝇，你在说些什么呀！”狐狸回答，“我要是没有尾巴，就活不成了。我要是没有尾巴，狗追我的时候，一下子就把我捉住了。靠了这条尾巴，我可以把狗骗过去。”

　　“你怎样用尾巴骗狗呢？”苍蝇问道。

　　“等狗快要追上我的时候，我就甩尾巴！把尾巴往右甩，自己往左逃。狗看见我的尾巴往右甩，就往右追。等他明白是搞错了的时候，我已经跑远了。”

　　苍蝇看到所有的动物的尾巴都是有用的，不论是在树林里，还是在河水里，都没有多余的尾巴。没有法子，苍蝇只好飞回家去了。它想道：

　　“我只好还是去给人捣乱，闹得他心烦，他就只好给我做一条尾巴。”

　　人正坐在小窗口，眼睛望着院子里。

　　苍蝇落在人的鼻子上。人“啪”地一巴掌，打在自己鼻子上。哪知苍蝇已经飞上了他的脑门儿。人又“啪”地一巴掌，打在自己脑门儿上，可是苍蝇又飞回鼻子上去了。

　　“苍蝇，你别给我捣乱了！”人说。

　　"我就是不走，"苍蝇嗡嗡地说，"你干吗取笑我，打发我去找没有用的尾巴？所有的动物我都问过了——所有的野兽的尾巴，都是有用的。"

　　人摆脱不掉苍蝇的纠缠，觉得苍蝇实在太讨厌！

　　就想了想，说："苍蝇，苍蝇，你看，院子里有一头牛，你去问问牛，它的尾巴是干什么用的。"

　　"好吧！苍蝇说，"我再去问问牛，如果牛也不肯把尾巴送给我，人呀，我非把你给烦死不可！"

　　苍蝇飞出小窗，落在牛背上，一个劲儿嗡嗡地叫："牛呀，牛呀，你要尾巴来干什么？牛呀，牛呀，你要尾巴来干什么？"半天，牛也没作声，后来突然用尾巴往自己背上一抽，恰好打中了苍蝇。

　　苍蝇摔了下去，六脚朝天断了气。

　　人从小窗口里说：

　　"苍蝇，你这叫作活该！你不应该跟人捣麻烦，也不应该跟其他动物捣麻烦。你太讨厌了！"

太阳请假的时候

[德国] 柏吉尔

"从前有个时候"，一天晚上，乌拉·波拉说，"人们忽然觉得悲观起来，他们不满意自己，不满意上帝，也不满意世界。'喔，'他们说，'生活真是个重累。工作太多，娱乐太少。我们得把这个状况颠倒过来，总而言之，统而言之，我们要好好地休息一下了！'

"于是他们把所有的事情都搁置起来，一齐罢工！所有的机轮都停止了，烟囱里不再出烟。刚造好一半的屋子，围着高高的鹰架，高耸在天空。裁缝从此不拿缝针；皮匠不再擦蜡线，不再钉鞋底；店员紧闭店门；矿工停止下矿；渔夫不去张网。最高兴的要算那些牛羊，它们快活得到处乱跑，高声大叫，因为不再有人来管它们了。

"乡村里的农民，无论是张三、李四、阿猫、阿狗，都聚集在小茶馆里，说：'好，既然城里人一齐罢工，我们又为什么一定要去种田呢？我们也要罢工！'于是犁头、铁锄、镰刀、水车等等的农具就没有人去过问了。'随你们便，'城里人说，'我们的仓库里有满仓的米谷，我们的地窖里更有满窖的马铃薯。我们还暂时不需要你们的农产品！'

"太阳惊奇地从天空中望下来，注视着地面上所有的奇事。

"'啊'，月亮说，'世界上的人都着了魔。我在地球四周环行了无数万年，我曾看见过不少疯狂的事情，可从不曾看见过像现在那样的荒唐。我看人类是要发生不幸的结果了，因为把一切人团结起来的只有工作，现在他们连手指都不动一动，他们的前途就只有灭亡。哦，我认为工作是光荣的，我将要继续照亮黑夜，并且领着黄金色的"星的羊群"在天空放牧！'

"可是现在农民早已停止耕种，张三、李四、阿猫、阿狗都整天坐在茶馆酒店里打牌喝酒，这就使太阳非常灰心。'既然这样，我又何必再照耀这大地呢，'一天他感伤地说，'你们既然不下种子来叫我培育成熟，既然用不到我来照着你们做工，我的照耀就完全失去了意义。让你们去在黑暗里面逍遥吧，我是不愿意照耀一批懒惰虫的。你们得想想明白，赶快做工，否则我也要请假了！'

"'别管我们，太阳先生，'人们抱怨地说，'你要怎样做，随你的便，我们早已决定不再做工了！'

"那一天晚上，太阳在西下的时候脸色通红，显然是发怒了，下一天早晨他就不再回来。他已经请假了！

"'太阳真的躲开了。'人们说，有好些人都哭丧着脸。'这么一来，天要冷起来了。'他们说，'而且白天也将同黑夜一样黑暗了。''不过夜里是可以有光的，'还有些人说，'因为夜里有月亮出来照耀我们！'

"可是到了夜里，天空还是乌黑。月亮似乎也请假了。人们都跑去问最著名最博学的天文学家，这是什么原因，为什么月亮不在天空照耀。

"'喔，这个么，'天文学家说，'她是没有办法来照耀了；太阳不发光，就连月亮自己也躲在黑暗里，因为她先得被太阳照亮了，才能把这光反射到地面上来。'

"'好吧，'人们懊丧地说，'那么她就不必照耀了。我们还可以用电灯来照亮街道，用电炉来温暖房屋。'

"他们用煤来烧锅炉，开动巨大的蒸汽机，造成电流，使它通过千百盏电灯把全镇上每家每户都照亮了。从煤，他们又造成了煤气。他们把煤放在大囵中加热，把产生的煤气用导管通往每家每户，把它点着，这样，他们就可以用电炉取暖，用煤气灶煮菜。他们嘲笑着太阳。

"但是过了一段时间，所有的存煤都用尽了，由于矿工不愿意替别人服务，锅炉里的水就无法煮沸，蒸汽机就不能开动。同时煤气也没有了，光也没有了，温暖也没有了。人们又开始感到不安。

"但是有些人说：'不要灰心，我们不怕没有太阳，要是真的没有煤来开动蒸汽机，我们还有水力。世界上有不少的瀑布，从高的地方流下来，我们

可以在那里装些水磨和轮机，让水流冲在轮上，使轮子回转，开动发电机。这样我们又可以利用电力来采光取暖了！'

"但是人们跑到瀑布附近，却看见那里没有一滴水在流动，这倒并不是由于水结了冰，实实在在是由于那里没有水。于是他们跑去问最著名最博学的气象学家：'请你告诉我们，那些瀑布为什么都干涸了。'

"'喔，'聪明的气象学家说，'理由很简单！瀑布从很高的山顶头流下来，是由于太阳把山顶的冰雪融化了，变成水的缘故。现在太阳既然停止照耀，冰雪就不再融解，山脚边就不可能有瀑布了。在山顶头积起来的雨水，本来也可以成为瀑布流到山谷里去，可是现在太阳既然不把河海里的水蒸发起来，升到天空里去变成雨云，也不可能有雨和瀑布了！太阳用温热来造成雨露霜雪的变化，可是现在他请了假，就什么都没有了。'

"'真该死，'人们说，'为什么我们要任凭太阳的摆布呢？你想，现在我们该怎么办？我们可以利用风。风可以替我们转动风车，我们有了这风力就可以运转轮子，开动发电机。不要灰心！我们要建造巨大的风车。'

"'啊哟！'木匠和铁匠却愤愤地说，'大家又要过忙忙碌碌的生活了！'"

"但是旁人宽慰他们说，这工作只是暂时的，只要等到风车装置完竣，大家又可以过安闲愉快的生活了。

"于是他们日夜赶造巨大的风帆和机器，把手足都冻僵了，因为那时候地面上的气候是一天寒冷过一天。后来工作终于完成了，只等有风，就可以把巨大的风车旋转起来，于是轮子和发电机就可跟着转动，他们又可以有电力、电光和电热了。可是事实上，那时候一点儿风息都没有，不但最小的树叶静静不动，连微细的尘埃也飞不起来。

"于是人们又到气象学家那里去问：'请告诉我们，什么时候会再有风！'

"气象学家深深地叹了口气，整了整他的眼镜，然后说：'没有了太阳，也就没有了风，因为造成风暴的就是太阳。太阳温暖了各地的空气，但是有的地方受阳光多，有的地方受阳光少，所以有的地方比较暖，有的地方比较冷。温暖地方的空气向上升，于是寒冷地方的空气就沿地面流过去补足温暖地方的上升空气。这就形成了风。如果沿地面流动的空气走得太快，这就是风暴，如果它们走得慢一点，那就只成为一种摇曳树枝的轻风。现在太阳既然不再温暖空气，空气就不再流动，你们就白白地建造了这座大风车。'

"于是人们从早到晚板起了脸孔，动不动就生气打架，可是这并没有用，他们还是不能够叫风车转动一分一毫。'你们必须再到矿里去挖出些煤来。'人们说，但是矿工们哪里肯听，因为大家休息，他们怎么肯单独做工。'我们不愿意冻死！'大家叫了起来，于是各处都吵吵闹闹，甚至有人打得头破血流。他们为了要喝热的汤，住暖和的房间，就把所有森林里的树木一齐砍下来当柴烧。但是有人因为在寒冷的露天工作，竟给冻死了。

"气候一天冷过一天，大家都像住在北极一样。海水冻结，足有一百多米厚。所以轮船不能到远方去装运粮食和其他日用品，渔夫不能撒网。森林中的动物都冷死了，空中的鸟类冻僵了落在地上，把血都凝成了冰块。地面冻结，硬得像钢铁一样，就是真要用犁来耕种，也是不可能了。可怕的黑暗笼罩着整个世界，只有冰冷的天空里的远远的繁星，还射出惨淡的微光，照到这不幸的没有太阳的地球上来。

"人们的处境是愈来愈坏了。'我们要复工'，他们不得不喊了出来，'我们要享受光明和温暖，我们要享受风和云，我们要享受青翠的森林和迎风起浪的谷田，我们要享受小鸟的歌声和花草的芳香，我们要太阳回到天空，是的，太阳，太阳，他使我们快乐，舒适，万事称心！'

"'我们要复工，让太阳再来照耀。'大家齐声呼喊，声音震动了整个地球。

"太阳听见了这喊声，他向地球一望，看见人们已经醒悟了过来，他就张开笑口，从地平线上升起来，闪出耀眼的光芒，又把世界容纳在他温暖的怀抱里去了。

"无论男女老幼都跑出屋子来站在睁不开眼的阳光中，温暖他们发抖的四肢。一种新的生命很快地显现在他们灰白色的脸上。太阳凭了他的光线，又表演了无数的奇迹，都是人们一向所不曾注意到的。他解放了冰封的泉水，让它们向前潺潺地流去；他融化了江河湖泽，让海水再生波浪，水手和渔夫照常工作。太阳又把空气温暖，引起气流的纷扰，于是风也吹了，风车上的风帆也转动了。融解的冰雪从山巅流下来，于是瀑布也苏醒了。风车和水车的主人又衔着烟斗，高高兴兴地磨着他们的麦粉。张三、李四、阿猫、阿狗又在新解冻的田地里用犁来翻着泥土。树木长出新芽；残存的小鸟从潜藏的洞穴里飞出来，快活地唱着歌；在天空的云端背后依旧飘浮着那环游地球的老旅行家月亮，脸上露着笑容。

"但是太阳拉开了圆圆的脸，笑眯眯地渐渐西沉，像是慈爱的爸爸关心他的孩子们一样。"

隐身人

[前苏联] 伊林

你以为只是在童话里才有隐身人吗？那么你看看天空。云儿在那儿飘。谁带动它们的呢？是隐身人。当它经过田野的时候，黑麦便弯下腰来向它鞠躬。当它经过森林的时候，树木便向它点头。

今天在我们院子里，它把挂在绳子上的衣服带走，把孩子头上的帽子摘掉，在房间里，把桌子上的报纸扔到地板上。

它也不道声劳驾，也不敲门。它不从门口进来，却从窗口进来。

秋天，它叫干树叶打圈子旋转。夏天，它扬起路上的尘土，扔到人的眼睛里去。

当它在草原上，在森林上，在辽阔的海洋上旅行的时候，它有多少冒险的经历啊！

就是它把寒冷从北方带给我们，把炎热从南方带给我们，把雨水从海里带给我们，把尘土从沙漠里带给我们。就是它吹起船帆，吹动风磨磨粮食。

现在你一定猜着这是谁了。

这是风。这是地面上流动的空气。

它是看不见的，但是，当五一节或者十月革命节，它在街上飘动着旗子的时候，我们会看得很清楚。

现在这个故事就来谈谈它的冒险经历。

在那遥远的北方，在冰封的王国里，曾经有一个隐身人——北方的气流。

它经常在冰封的田野上漫步，像用扫帚一样地把雪扫起来。

有时候，在这样扫除的当儿，它把雪扬起来，然后赶着这些雪花，在冰封的田野上前进。

在雪的王国里，它不玩雪还玩什么呢？

北方好冷啊！天空的太阳升得低低地，照的时间也不长。

隐身人在白天怎么也晒不暖和。

而夜间比白天更糟。很少有给它盖上云做的毛茸茸的被子的时候。夜间常常没有云，满天是星，到了早晨，隐身人通身冷透了。

可是这正好使它离开冰封的王国，动身去长途旅行——到南方去。

它走的是海路。

海洋里的水比北方的冰要温暖。

隐身人在温暖的水面上也变得暖和起来。

它在这儿也一路玩着。它把水扬成波浪。它跑得越快，浪头就扬得越高。

波浪一排排地走着。隐身人把波浪的顶峰打碎，把它们打成白沫。有时候隐身人碰到轮船，便玩它烟囱里冒出来的烟。

帆船上的水手们喜欢他们的助手。他们老早就等候着它了。但是隐身人工作得这样热心，水手们简直怕它把桅杆给折断了。

他们不得不爬上桅杆把帆落掉，免得它再抓着帆不肯放手。

但是这个过分热心的助手给自己找到了另外一件工作。它叫波浪来冲洗甲板，尽管水手们实在早已把它洗干净了。

有一次它差一点把一个待在甲板上的旅客从船上给洗下来。还好，幸亏他当时抓着了栏杆。

隐身人越走越远，使大劲来摇荡大船和渔船。

它从冰封的王国出来，完全冻透了。可是在海洋上温暖起来，并且带足了水。

水从海洋上升，变成看不见的蒸气。蒸气凝聚成细小的雾点。隐身人就带着它一起跑。

雾低低地弥漫在水面上，遮住了太阳。

隐身人在海洋上空的一个地方碰到了飞机。

隐身人看到有什么可以玩的就高兴，便把它抛掷起来。白色的雾幕团团围住飞机。飞行员不高兴这样的招待，他决定离开雾——往上飞向太阳。

现在太阳光已经透进了飞机座舱的玻璃。自得像酸牛奶皮一样的雾远远地给留在下面。

隐身人走得很快，但是它的旅途真不近，它好容易走到了岸边。

它用浓雾充满了沿海城市的街道。

在列宁格勒，电灯光很难穿过那弥漫的小水点。汽车司机不得不一股劲儿地鸣喇叭；如果有人看不见汽车，也让他听得见。而隐身人继续往前进——在田野上和森林上。

人们看不见它本身。但是人们看得见它那从海上带来的货物。

小水点聚集成大水点。浓密的乌云笼罩在地面上。

突然闪起闪电，响起雷声来。

在河里游泳的孩子们，听到那看不见的过路人的吼声，便赶快穿好衣服，好在下大雨以前跑回家去。

于是隐身人便把从海洋里带来的水落到我们的森林和田野里，并且继续向前——到南方去。

但是在南方有另外一个主人，也是隐身人——南方的气流。

两个隐身人，先前时常争吵，谁也不肯让谁的路。

这一次还是那样。两个巨人开始斗争起来。

当隐身巨人相持不下的时候，最好不要落到它们的手里。它们转着旋风，能够把森林里的树木连根拔起，把海里的船只倾覆，把空中的飞机毁掉。

但是人们并不大意，也尽量争取时间。他们预先就知道，什么时候会有暴风雨，便去做好准备。

隐身人走得很快，但是沿着电线，沿着无线电的电报跑得更快。这些电报说："水手们，当心！风暴来了！""渔民们，不要出发到海上去！风暴来了！""飞行员们，小心些！风暴来了！""农民们，把干草收集起来吧！风暴来了！"

这是谁在跟踪着隐身人呢？谁预先知道它们要往哪儿去它们要在什么地方开始战斗呢？

是气象学家们知道这个。

气象学家这个名字你大概很生疏。但是你应该把它记住。气象学家是我们大家的朋友。

在高山上和平原上，在海岛上和沙漠里，在北方气流的冰封王国里和它的敌人——南方气流——的领域里，我们到处都布着岗哨。到处都有我们的气象学家的工作站，他们在那儿白天夜晚地侦察着天气，侦察着隐身人的生活。

气象学家有许多助手。

一个助手是风向标。它高踞在柱子顶上。风往哪儿刮，它也往哪儿转。只消看看风向标，便会立刻知道风是从哪儿刮。

另外一个助手是温度计。它说出天气是冷还是热。

第三个助手是湿度计。它指出天气干燥还是潮湿。

第四个助手是雨量计。它测量雨下得多少。

第五个助手是气压计。这也是个聪明的仪器。如果它的针转到很右很右去，就会有一个晴朗的天气。如果它转到很左很左，应该防备下雨，防备风暴。

气象学家在各个工作站里用仪器进行侦察，并且把他们看到的东西用电报通知莫斯科。

莫斯科有一幢红砖的大楼房，上面有一个高塔。塔尖上是风向标和测量风速的仪器。

大楼房里是中央天气预报研究所。为了预报天气，中央天气预报研究所里的气象学家抄收从各个测候站拍来的电报，记在卡片上，哪儿正在下雨，哪儿天气晴朗无云，哪儿热，哪儿冷——一句话，把仪器测量到的一切都记下来。

拿今天的卡片跟昨天的卡片比较，气象学家就会看到，天气怎样在地面上走动，怎样在半路上变化。这时候它要预报天气已经不难了，他告诉人明天是什么天气。这是很重要的事情。

天气预报用电话、电报、无线电传播出去。

现在你打开无线电收音机，听到：

"莫斯科时间十九点十五分，现在广播天气预报。狄克孙岛上日间零下二十摄氏度，亚库梯零下十七摄氏度，莫斯科零上十摄氏度……明天莫斯科将是阴天，有大风……"

现在让我们再回来说一下隐身人的历史。

当两个巨人——北方气流和南方气流——遭遇到一起作战的时候，人们已经预测出来了。

农民们赶紧把干草收拾起来，免得淋湿。飞行员把飞机开到飞机库里。渔民延期到好天气的日子再出发到海上去。

而隐身人之间的斗争已经在拼命进行了。南方的气流开始爬到它的敌人肩膀上面去。高空出现了轻盈得像羽毛一般的卷云。

后来，白色的云幕伸展在整个天空。

云越来越昏暗起来。

这时候远远地出现了一堵灰色的云墙，它越走越近。它遮住了森林，跑遍了田野。

"笃！笃！笃！"先头来的雨点敲打着窗子，"放我们到屋子里去吧！"

别的雨点也在它们后面咚咚地敲打着——敲打着屋顶，敲打着树叶，敲打着花园里的坐椅。

雨一整天下个不停。

但是现在它开始息下来了，透过乌云露出了蔚蓝色的天空。天也热起来了。

这是南方气流打了胜仗了，它冲进敌人占领的区域很远一段路，然而它的胜利是不是能够持久呢？

北方的气流并不想投降，它从后方包抄过来。它夹着又重又冷的空气大军向它的敌人猛扑过去，把它的敌人抛上高空。空中立刻长起了一座云山，地面上风暴在飞奔，把树枝折断并且带走，把尘土刮得满天飞扬，把树叶吹得团团乱转。

在战斗中的两个巨人激起了猛烈的旋风。

幸亏人们预先知道这件事，而且也早已有了准备！

这场斗争的结束究竟是谁胜谁败呢?

胜利的是北方气流。它沿着地面越跑越远。路上它碰到了乌拉尔山,但是山脉挡不住它。它从南边迂回过去,沿着黑海,跑到沙漠里。

它一路上是怎样地千变万化啊!它本来是潮湿的海上气流,可是到了沙漠里,变成了干燥、炎热、多尘的气流。现在它跟战败了的敌人——南方的气流还有些什么分别啊!

隐身人就是这样游荡着,夹带着雨水和风暴,夹带着雪和寒气。

然而气象学家们,像岗哨似的密切注意着隐身人,及时地警告农民们什么时候要霜冻了,警告飞行员什么时候有大雾,警告铁路工作人员什么时候有阻滞列车的大雪。

金色的脚印

[日本] 椋鸠十

院子里的雪冻得硬邦邦的，刮着寒冷的风。风透过窗户纸上的窟窿眼儿，嗖嗖作响。

夕阳淡淡地照在仓房的墙上。挂在墙上的干菜发出沙沙的响声。

在墙角，一只小动物长条条地卧在那里，调皮的麻雀从房顶上飞下来落在它头上。尽管这样，那动物仍旧把四条腿伸得直直的，一动也不动。

"啊，是死啦！到底……"

从正房走进仓房的正太郎不由得站住了。

那是两三天前家里的男佣人从山里捉回来的一只小狐狸。直到现在，不论给它什么东西，它都不吃。正太郎直冲冲地走到跟前，想摸一摸死了的狐狸。可是，被认为已经死了的狐狸腾地跳了起来，用尖利的牙齿咬了一下正太郎的手掌，拖响铁链，跳进了窝里。

在正太郎的小手掌上，被狐狸咬下牙印的地方渗出了血珠儿，一滴一滴地像红宝石那样美丽。

"嗨，淘气鬼！"

正太郎没怎么生气，只是一边用舌尖舔着血珠，一边探着头往窝里瞅。

小狐狸一逃进窝里，就闪动着蓝紫色的眼珠儿，嗷嗷、嗷嗷地，发出地地道道的野兽的吼声。

那时，太阳已经完全落山了。

"正太郎，来吃饭呀！"

妈妈在正房里吆喝着。可是正太郎仍然蹲着不动。

光秃秃的柞树林上边，露出了冷清清的月亮。小狐狸在窝里面孤零零地用十足的狐狸姿势坐着，而且仰起脖子嗥叫着：

噢，咔噢——

噢，咔噢——

那是一种清脆的、悲伤的声音。

正太郎吓了一跳，目不转睛地看着小狐狸。他想小狐狸也许是在叫唤：妈妈——，妈妈——。这小狐狸多可怜哪！

正太郎就像和人谈话似的向它说：

"喂，喂，不要叫唤啦！"

这时，他忽然觉得肩膀上火辣辣地刺痛。这是被狗一类的动物咬住了肩头。

"坏蛋！"

他想要赶走那东西，可那东西无论如何也不松口。而且，还有另外一只家伙呜呜地叫唤着，在正太郎周围转来转去。

是狐狸！是不常见的大狐狸。

"救命！救命！爸爸——"

正太郎拼命叫喊起来。爸爸、妈妈和男佣人都跑过来。狐狸一看见大人们的身影，立刻你东我西，跑得无影无踪了。

自从发生这件事以后，正太郎的爸爸决定把拴着的秋田狗在夜间放开。那只狗整夜整夜地围着正太郎的家转来转去。

半夜，正太郎突然醒来了。

秋田狗正"汪、汪、汪"地尖声吠叫着。他想起了狐狸的事。也许是上次来过的老狐狸又来了吧！爸爸、妈妈都睡得十分香甜。他悄悄地从被窝里爬出来，从屋门口偷偷看着仓房那边。

这是一个亮堂堂的月夜。

对啦，对啦，正是那只老狐狸！只见一只大狐狸，正满不在乎地冲着狂叫的狗，大摇大摆地走过来。它嘴里还叼着一只哆哆嗦嗦的鸡。

到了离狗只有六七米的地方，狐狸就停住了脚步。狗吠叫着往前冲了两三步。狐狸往后退了两三步。这样反复了两三回。于是，秋田狗猛地一下向老狐狸扑了过去，老狐狸迅速掉转身子逃跑了。秋田狗"汪、汪、汪"地吼着，向黑暗中跑去。不大工夫狗叫声就离远了。

这时，另一只老狐狸不知从什么地方悄悄地出现了。正太郎一愣，把眼睛瞪得大大的。小狐狸吭哧吭哧地哼着，用鼻子磨蹭着老狐狸的身子。

"来，跟我来……"

老狐狸像是这样说着，砰、砰地在雪地上跳了两三回。小狐狸很想跟着老狐狸走，但是刚迈出两三步就哗啦一下被铁链拽住了。它坐在地上，鼻子里哼哼着。

这样反复了两次，老狐狸才发现了铁链这种奇怪的东西。

它全神贯注地闻着铁链的气味。然后用尖利的牙齿咯吱咯吱地咬那铁链。

铁链被咬的地方只是闪出白光，却怎么也不能把它咬断。

费了好长时间，老狐狸发现咬不断铁链，于是，狐狸母子俩就把脸贴在一起小声叫唤着。

过了一会儿，老狐狸像是下了决心的样子，卧在雪地上。小狐狸仍旧被铁链拴着，吮吸着它妈妈的奶。

不知什么时候，刚才把狗引诱出去的狐狸爸爸也回来了。

它坐在离开狐狸母子俩不远的地方，脖子撑得直直的，正在为它们放哨呢！

"恐怕是狐狸爸爸把狗引诱出很远很远，把鸡扔下又逃回来的吧。那只笨狗肯定是找到了那只鸡，正在慢慢地大嚼一顿哪。多么聪明的狐狸呀！"

正太郎想着，十分佩服。

突然，狐狸爸爸"呜、呜、呜"地发出了警惕的吼声。是秋田狗回来了。狐狸妈妈只好从孩子身旁跳开。小狐狸吭哧吭哧地哼着鼻子。两只老狐狸回头看了一两次，不大一会儿，就消失在黑暗的柞树林里了。

正太郎没有把自己看到的狐狸的行动告诉任何人。他觉得自己一个人悄悄地监视狐狸父母的行动将是一种乐趣。

可是，狐狸只用了三次那样的方法来看望小狐狸，就忽然不来了。

"大概是觉得救不出用铁链拴着的小狐狸就死心了吧。不如早点给它解开铁链子呢。这样下去真可怜。"

正太郎这样想着，后悔得不得了。

但是，又出现了莫名其妙的事情。小狐狸虽然仍旧不吃一点喂给它的食物，却没有死，还在一天天长大。

发现了这个情况后，正太郎放心了。对啦，老狐狸实际上还是来看望小狐狸的，这是确定无疑的。

"它究竟是用什么方法来的呢？好啊，让我来揭开这个谜吧！"

在寒冷的半夜三更，正太郎接连起来两三回去察看；可是总也看不见老狐狸的影子。

这是一个星期天。

中午，积雪化成水滴，"扑通"、"扑通"，静静地从房顶上掉下来。正太郎漫不经心地走到小狐狸的窝旁，忽然喀嚓响了一声。"啊呀！"他特意跑去一看，除了小狐狸以外，什么也没有。可是，在湿漉漉的地面上，的的确确印着狐狸的脚印。"哈哈！原来如此，怪不得光在夜里察看还不行呢！不过，居然敢在青天白日里来，可真是个大胆的家伙啊！"

正太郎心中暗暗佩服。

在大门口那边，响起了秋田狗的叫声。这时，正太郎明白了狐狸要在白天来的缘故。

"怪不得呢，狗在白天是拴着的呀！老狐狸是怎么知道这点的呢？"

对于狐狸的聪明，他实在惊奇得很。

那么，那只狐狸究竟去了什么地方呢？刚听见一点响声就已经无影无踪……真奇怪！正太郎想到这儿，就在四处搜索起来。

忽然，当他探头看到正房的地板下面时，不禁猛地吓了一跳。闪着青光的四只眼睛直勾勾地盯着他。这是小狐狸的父母。它们瞪了正太郎一会儿，就悄悄地攀着从地板底下通向上面房间的砖块，往上爬到镶着地炉的地方，不见了影子。

老狐狸在地板下面做了窝。

与其说正太郎是被狐狸的大胆所感动，不如说他是被老狐狸深厚的亲情所感动了。

野兽由于想念孩子，竟然冒着危险在人家的地板底下做了窝。

正太郎发觉那两只老狐狸比起从前来毛色暗淡，瘦弱了很多，怪可怜的。老狐狸是由于惦记被铁链锁着的小狐狸和吃不到充足可口的食物而消瘦下去的。

和待在山上的时候不同，在这儿不容易找到食物，而且偶然找到些吃的也都给了小狐狸，至于它们自己，恐怕能得到的也不过是有时分着吃一只老鼠罢了。

正太郎被这老狐狸的亲情所感动，. 他真想替那小狐狸解开铁链子。但就在这时，老狐狸开始做一件不寻常的工作，使得他打消了放开小狐狸的念头。

那就是：老狐狸觉察到了靠自己的力量无论如何也咬不断那铁链，就开始咬那根拴铁链的圆木桩子。它们一有机会，就从地板下面爬出来，用尖利的牙齿咯吱咯吱地啃那木桩。正太郎想，让老狐狸们把那根木桩咬断，用它们自己的力量救出小狐狸，比自己替它们解开铁链更好一些。

代替解救行动的是，他决定给饿着肚子的老狐狸偷偷地投送食物。每逢家里做过油肉、炸豆腐什么时，正太郎一口也不吃全都留起来，扔进地板下面。还缠着妈妈给他订牛奶，自己却不喝，每天把一杯牛奶倒在地板下面那只破碗里。

这样过了一个月，老狐狸和正太郎就莫名其妙地熟悉起来了。正太郎一送去食物时，老狐狸们就立刻从地板下面的窝里一骨碌爬起来。小狐狸起初一见正太郎伸出手，不是想咬就是躲进窝里去，可是自从正太郎和老狐狸熟悉了以后，他再伸出手时，小狐狸就用那粗糙的粉红色的舌头柔和地舔着他的手。但是，老狐狸们虽说和正太郎厮混熟了，却并没有忘记救出小狐狸的事。它们每天啃着木桩，已经把木桩啃得很细了。

木桩用不了几天就能咬断了。当老狐狸啃断这东西，用自己的力量把小狐狸彻底救出来的时候，该怎样欢喜呢？正太郎一想到这些，泪水就不由得涌上眼眶。

正太郎正在独自睡觉。父母有什么事情要办，出门到亲戚家中去了。

家中再没有别人，正太郎正睡着，"咯吱"，门轻轻响了一声，那两只狐狸从稍稍拉开的门缝里进来了。狐狸们试着舔正太郎的手，而且像在亲人跟前那样，轻松自在地在屋里慢慢腾腾地踱来踱去。

快到半夜时，父母回来了。正太郎的妈妈无意中往屋里一探头："哎呀——"她不由得失声大叫。而且脸色吓得苍白。"怎么啦？"爸爸吃惊地问。妈妈连话也说不出来，只是指着稍稍开着的门口说：

"那儿，那儿！"

"那儿，开了一点门缝怎么了？"

"逃跑啦！"

"哈哈，你说些什么呀，简直让人听不明白。快安静点，那样子多难看！"

妈妈被爸爸责备了几句，情绪多少稳定了一些，说：

"两只大狐狸从这屋里跑出去了。你忘啦，上次，咬了正太郎的，那野狐狸……"

"上次，咬人的狐狸？"

"嗳，确实，就是它。我，一进门，一只正在屋里慢腾腾地走来走去，另一只坐在正太郎旁边，正直勾勾地盯着正太郎的脖子呢！"

"真的吗？"

爸爸的脸刷地一下变白了。

"是想要咬正太郎的。"

妈妈哆哆嗦嗦地端详着正太郎熟睡着的脸。

"可不要对正太郎说起这件事呀！怕吓坏他。"

"啊，那狐狸往后还不知道要干出什么事啊！快把小狐狸给放了吧！"

"真糊涂！老鹰还能叫野兽吓唬住吗？哪能这样认输！对于那些敢和人作对的家伙，一定要给它几分颜色看看。"

父母并不知道正太郎和狐狸之间的关系，为这件事十分担心。

第二天，正太郎的爸爸借来专门捕狐狸的猎狗，在附近一带山里转圈寻找。可是，一点线索也没有。

傍晚回到家里，正太郎的爸爸正歇着喝茶，捕狐狸的狗"汪、汪、汪"地狂叫起来。出去一看，狗正冲着地板下面一个劲地狂叫。

"什么呀！这家伙虽然找不到狐狸，倒能立刻发现黄鼠狼什么的呢！"

正太郎的爸爸说着就笑了。可是，正探着头往地板下面望的男佣人放低嗓门说：

"老爷，有个东西在里头，眼睛亮闪闪的，真吓人哪！"

"什么？"

正太郎的爸爸操起猎枪，跳到院子里。

"有，有。好家伙，多么可怕的东西！竟敢跑到这儿来做窝，是钻了我们的空子。好吧，这回可不能让你活着出来啦！"

他这样自言自语着，又唆使狗把狐狸一步一步地赶出来。自己用手指扣着枪的扳机，全神贯注地瞄准。

正在这时，正太郎放学回家了。他一眼就看出发生了什么事，把书包往那儿一扔，就跑到爸爸身旁。

"不行. 爸爸，不能开枪！"

正太郎喊着，一下子扑到了正要发射的枪身上。

"啊，危险！"

爸爸大吃一惊，手里的枪掉了下来。就在这时，呼地一声巨响，子弹发射出去了。

"啊——呀！"

大家都惊呆了。幸亏谁也没有受伤。

老狐狸不知在什么时候逃跑了。

第二天，正太郎心想今天可得把小狐狸放掉啦，放学一回家就跑进仓房去。

"呀！呀！"

他往窝里探头一望，吃了一惊。

小狐狸不在里面：连个影儿也没有了。正太郎急忙跑回正房，提心吊胆地瞅着妈妈问道：

"妈妈，不是把小狐狸给宰了吧？""不是，刚好有个人想要养只狐狸，今天早上就让他带走了。"

"谁呀？"

"就是那个牧场的安田先生。"

"什么呀！"

正太郎无精打采地说。然后又垂头丧气地回到窝那边。他满脸哀伤地把头伸进空荡荡的窝里，那里面只剩下拴小狐狸的那根木桩了。

啊，那根木桩！那根木桩由于狐狸父母的艰苦努力，要不了几天就能咬断，已经变得细细的了。正太郎摸一摸那根木桩，心中忽然浮起了一个念头。

"对，必须把小狐狸还给那老狐狸。我去求求安田先生，把它给放了吧！"

正太郎精神抖擞地站了起来。

他朝着山顶那边的安田牧场跑去。太阳快要落山了，不过，他想如果快步前进的话，在天黑以前还可以赶到那里。但是，等他来到山顶时，天色已经完全黑了下来。

他急忙赶路。一不小心踩到了悬崖边缘的积雪上。积雪大块大块地崩塌下去，咚咚地掉进山谷里。正太郎也和雪一块儿头朝下栽了下去。

就这样，他失去了知觉。

过了很长很长时间，他觉得脸蛋上有个热乎乎的东西，就悄悄睁开了眼睛。只见一只大狐狸正在不停地来回舔着他的脸蛋和嘴唇，另一只狐狸蹲在他的胸脯上面，专心致志地温暖着他。

正太郎醒过来，身子一动弹，两只狐狸同时跳开，可是又轻手轻脚地凑了过来。而且这回是两只一齐爬到他的身上，那样子好像是温暖正太郎，不让他冻僵似的。

正太郎觉得眼眶里一阵热乎乎的。恐怕狐狸们是因为上次在危险时被救、平时又接受了食物什么的，想要报恩的吧。

过了一会儿，天亮了。

正太郎恢复了精神，回到忧心忡忡的父母身旁。他向父母把过去和这次的事情详细地一说，父母也十分感动。

第二天早上，正太郎从牧场把小狐狸要了回来，和爸爸两人去到那山谷里把小狐狸放了。小狐狸一被解开铁链，立刻叫了起来：

咳，咔吭——

咳，咔吭——

一面叫唤，一面跑开了。刚出去十来米远，老狐狸不知从什么地方刷地跑了过来。它们踢散了春雪，兴高采烈地在小狐狸周围跳来跳去。然后一齐噔噔噔地朝树林深处跑去了。

这时，迎着耀眼的朝阳，狐狸们的脚印闪着金色的光芒，一直延伸到密林深处。

狼王洛波

[加拿大] 西顿

一

喀伦坡是新墨西哥北部的一个大牧区。那儿有丰茂的牧场，繁盛的牛羊，还有起伏不平的山地，和可贵可爱的流水，这些流水最后汇入喀伦坡河，整个牧区的名字就是从这条河得来的。可是在这儿称王称霸，威力笼罩着整个牧区的，却是一只老灰狼。

老洛波，也就是墨西哥人管它叫狼王的，是一群出色的灰狼的大首脑。这个狼群在喀伦坡溪谷里为非作歹，已经好多年了。牧人们和牧场工人们对它都挺熟悉，同时，不管它带着它那忠实的狼群在哪儿出现，牛羊就要吓得掉魂落魄，牛羊的主人也只有气愤和绝望的份儿。在狼群中间，老洛波不光是又高又大，它的狡诈和强壮，也不是别的狼所比得上的。它在夜晚的叫声也非常有名，是它的声音。还是它伙伴的声音，人们一听就明白。一只普通的狼，哪怕在牧人的营地周围叫上半夜，最多只能引起一点小小的注意，可是，当老狼王深沉的嗥叫声打山谷里传下来的时候，看守人就要提心吊胆，坐立不安。只好等到天亮再到牲口那儿去，看看遭到了怎样严重的新祸害。

老洛波只带领一小群狼。这一点我始终不大明白，因为，通常一只狼如果有了像它这样的地位和权力，总会招引上一大群随从的。这也许因为它只想要这么些，不然，就是它那残暴的脾气妨碍了它的狼群的扩大。在它当权的后期，它的确只有五个随从。不过，这些狼每只都是赫赫有名的，身材大多数也比一般的狼大些，特别是那只副首领，可真是个大家伙，但是，就连它这么大的，在身材和勇敢方面，还跟狼王差得远呢。这个狼群里除了两只领头的以外，还有几只特别出色的。里头有一只美丽的白狼，墨西哥人管它叫布兰珈，大家都猜它是只母狼，说不定和洛波就是一对儿。另外还有一只动作特别伶俐的黄狼，按照流行的传述说，它曾经好几次为这群狼抓到过羚羊。

我们待会儿就会知道，牧人们对这些狼真是熟悉透了。人们常常看见它们，也常常听到它们，它们的生活，跟牧人们的生活有着密切的联系，但是，牧人们却巴不得宰了它们才痛快。在喀伦坡，没有一个牧人会不愿意拿出一笔相当于好多头牛的代价，来换取洛波狼群里随便哪一只狼的脑袋的。可是这些狼好像都有刀枪不入的诀窍似的，根本不把大家用来捕杀它们的一切办法放在眼里。它们看不起所有的猎人，嘲笑所有的毒药，至少有五年，它们接连不断地从喀伦坡牧人们那儿抢去的牲口，据很多人的说法，已经达到了每天一头牛的程度。照这个估算起来，这群狼已经弄死了两千多头最肥最大的牛羊，因为，大家都知道得挺清楚，它们每次总是拣顶好的牲口下手的。

那种认为狼总是饿得饥不择食的旧想法，对这一群狼说来，是完全不适用了。这群海盗似的冒险家，经常都是温饱无忧的．吃起东西来，总要嫌好嫌坏，挑剔得真厉害。随便哪种动物，只要是因为自然原因死掉的，有病的，腐烂了的，它们都不会碰它一碰．就连牧人宰杀的东西，它们也决不沾染。它们挑选的日常吃食，是刚刚弄死的一周岁的小母牛，而且只吃最嫩的那部分。老公牛和老母牛，它们是瞧不上眼的，虽然它们偶尔也逮只把牛犊子或小马儿，但一看就知道，小牛肉和马肉全不是它们喜欢吃的。大家还知道，这群狼对羊肉也不欢迎，虽然它们常常把弄死羊的事当作玩儿。1893 年 11 月的一个夜里，布兰珈和那只黄狼就弄死了两百五十只羊，但是一口羊肉也没吃，明摆着是为了有趣好玩才这么干的。

上面所说的不过是几个例子，要说明这群恶狼的危害行为，我还有好多故事可以讲呢。为了要消灭这群狼，人们每年都试用了许多新的办法，但是，它们对人们的努力根本不在乎，还是照样过下去，越来越发胖。人们出了一笔很高的赏格，悬赏洛波的脑袋，于是，有人用了二十种不同的巧妙方式，设放毒药来捉它，可是全被它发觉了，全被它避开了。它只怕一样东西，那就是枪，它还非常清楚，这一带的人，个个都带枪，所以它从来不袭击一个人，也从来不暴露在人的面前。一点不假，这群狼的固定策略是：在白天，只要发现有人，不管距离多远，拔腿就溜。同时，洛波只允许狼群吃它们自己弄死的东西，它的这条惯例，也解救了它们无数次的危险，还有它那敏锐的分辨人手和毒药气味的嗅觉，更彻底地保证了这群狼的安全。

有一次，一个牧人听见老洛波给狼群打气的熟悉的嗥叫声，就偷偷地走过去，他发现这群狼在一块凹地上围攻一小群牛。洛波坐在一旁的山坡上，布兰珈和其余的狼，正在拼命地向它们看中了的一头小母牛进攻；但是那些牛紧紧地挨在一起，牛头朝外，用一排牛角对着敌人，要不是有几头牛，被这群狼的又一次冲击吓怕了，想退到牛群中间去，这个牛角防御阵是无法突破的。狼群也只有钻这些空子，才把选中的那头小母牛弄伤了，可是，那头小母牛还是顽强地一劲儿抵抗着。到末了，洛波似乎对它的部下失掉了耐心，它奔下山坡，深沉地嗥叫了一声，就向牛群猛扑过去。牛角阵看见它一到，吓得大家散了伙，于是它纵身一跳，就跳到了牛群当中。这么一来，牛群就跟一颗爆裂的炸弹似的，没命地四下乱窜。那头小母牛也逃开了，可是还没跑出二十五码路呢，就叫洛波给扑住了。它抓住小母牛的脖子，使足力气突地往后一拉，把它重重地掼在地上。这次打击一定大极了，那头小母牛被掼得四脚朝天。洛波自个儿也翻了个跟斗，但它马上就站了起来，它的部下扑到这头可怜的小母牛身上，几秒钟工夫就把它弄死了。洛波没参加弄死小母牛的工作——它把这头遭殃的小牛掼倒以后，好像在说："瞧，干吗你们就没有一个能够马上把这事办到，而不浪费这么多的时间呢？"

这时，那个牧人骑着马赶来，大声喊叫，这群狼便像平时一样跑掉了。牧人有一瓶番木鳖碱，他赶忙在死牛身上下了三处毒，然后也走开了，他知道这群狼要回来吃牛肉的，因为这是它们自己亲手弄死的东西。可是第二天早晨，当他回到那儿去，想看看那些中了毒的狼群时，他发现这些狼虽然吃过牛肉，可是把所有下过毒的地方，都非常小心地撕割下来，扔在一边了。

在牧人中间，怕这只大狼的人，一年比一年多了，悬赏它的脑袋的赏格，也一年比一年高了，直到最后，竟提高到一千美金，这真是一笔空前未有的

捕狼赏金，就是悬赏捉人，有好多还不到这个数目哩。有一天，一个名叫坦纳瑞的得克萨斯牧人，对这笔赏金动了心，骑着马奔到喀伦坡的溪谷里来了。他有一套专门的捕狼装备——最好的枪、最快的马，还有一群大狼狗。他曾经带着这群大狼狗，在西弗吉尼亚辽阔的平原上捕杀过许多狼，现在他满心相信，要不了几天，老洛波的脑袋，就会挂在自己马鞍子的前穿上了。

这是夏天的一个早晨，他们在灰蒙蒙的曙光里，雄赳赳气昂昂地出发打狼去了。上路没多久，那群大狼狗就用快乐的吠声报告说，他们已经找到狼群的踪迹了。又走了不到两里路，喀伦坡的灰狼群就跳进了眼帘，于是，这场追猎也变得更紧张，更激烈了。狼狗的任务，只是死盯住狼群，好让猎人赶上来打死它们。这么做，在得克萨斯旷野上，一般是很容易的；可是在这儿，一种新的地形发挥了作用，也说明洛波挑选的又是多么好的地方；喀伦坡重岩多石的溪谷和它的许多支流，把大草原割得到处四分五裂。现在，老狼王马上向最挨近的那条支流跑去，渡了河，就把骑马的人摆脱了。这时候，它的狼群分散开来，追猎的狼狗也跟着分散开来，可是当它们跑了一段路，又重新集合起来的时候，那些狼狗当然是来不及一下子到齐的。这么一来，这些狼就不再在数量上占劣势了。它们掉过头来，扑向后面的追猎者，不是把它们弄死，就是把它们咬成重伤，没有一只不遭殃的。当天晚上，坦纳瑞一检查，发现他的狗只回来了六只，当中还有两只被扯得浑身稀烂。后来，这个猎人又作了两次努力，想搞到狼王的脑袋。可是，这两回都不比头一次强。同时，在最后一次捕猎中，他的那匹最得力的马也摔死了；因此他气呼呼地放弃了这次打猎，回到得克萨斯去了，听任老洛波留在当地，越来越专横，越来越猖狂。

第二年，又有两个打猎的来到这儿，下定决心要拿到这笔赏格。他们俩都相信自己能把这只赫赫有名的狼消灭掉。第一个人用的是一种新发明的毒药，设放的办法，也跟以前完全不一样；另一个是法国籍加拿大人，用的不光是毒药，而且还要画上一些符，念上一些咒语来帮忙，因为他坚决认为：洛波是一只道地的"老狼精"，决不是用普通的办法可以消灭的。但是，对这只灰色的老贼狼来说，这些配制巧妙的毒药呀、画符呀、念咒呀，全都不顶事儿。它还是和以前一样，照常游游荡荡，吃吃喝喝，不到几个星期，乔·卡隆和拉洛谢都绝望地放弃了原来的计划，上别处打猎去了。

1893 年春天，乔·卡隆在捕捉洛波失败之后，又碰上了一桩丢脸的事，这件事似乎说明了，这只大狼的确瞧不起它的敌手，还对自己有着绝对的自信。乔·卡隆的庄园，坐落在喀伦坡河的一条小支流旁边，在一个风景优美的溪谷里。那时节，就在这个溪谷的岩石堆里，在离开乔·卡隆家不到一千码的地方，老洛波两口子选择了它们的巢窟. 在那儿成起家来。它们在那儿住了整整一夏天，弄死了乔·卡隆的牛、羊和狗，一面却安安全全地呆在凸凹不平的岩壁深处，嘲笑他设放的那些毒药和捕狼机。乔·卡隆呢，他枉费心机，想些办法用烟火把它们熏出来，或者是用炸药去炸它们。可是，它们都一无损伤地逃开了，并且还是和以前一样，继续干它们抢劫破坏的勾当。"去年整整一夏天，它就住在那儿，"乔·卡隆指着那块岩壁说，"我对它一点没办法。在它面前，我真像个大傻瓜。"

二

以上这段打牧人们那儿收集来的故事，直到 1893 年，我自个儿认识了这个狡猾的强盗，渐渐地对它有了比别人更深刻的了解以后，才相信传说的都是真话。几年以前，我当过猎狼人，可是后来换了另一种职业，就把我给拴在写字台上了。我真想换换环境，所以当一个也是在喀伦坡做牧场老板的朋友要我去新墨西哥，叫我试试能不能对这帮强盗干点什么的时候，我就接受了他的邀请，同时，因为急着要想认识认识这位强盗头儿，我尽快地赶到了这个区的山地里。我花了些时间，骑着马四处去了解了一下周围的环境，给我带路的向导，常常要指着一堆还粘有皮肉的牛骨头说："这也是它干的。"

我现在很明白，在这个崎岖不平的地区里，想用狗和马来追捕洛波是没有用的，因此，有效的办法就只有用毒药和捕狼机了。目前我们还没有够大的捕狼机，于是我就用毒药干了起来。

关于用来捕捉这条"老狼精"的成百种的办法，我用不着详细讲了：像番木鳖碱、砒霜、氰化物或是氢氰酸的化合物，没有一种我没试过。凡是能用来当诱饵的肉类，我全用过。但是，当我一个早晨又一个早晨地骑着马去查看事情的结果时，总是发现我所花的心血全部落了空。对我来说，这条老狼王太狡猾了。只要举一个例子，就可以看出它那使人叫绝的机灵。有一次，我学习一个老猎人的经验，把一些奶酪跟一只刚宰掉的小母牛的肥腰子拌在一起，放在一只瓷盘里炖烂了，再用骨头做的刀子把它切开，免得沾上金属的气味。等这盘奶酪拌牛腰凉了以后，我把它切成块块儿，每一块的一面，挖上一个洞，再塞进一大撮番木鳖碱和氰化物，这些毒药原来是放在绝不通气的胶管里的；最后，我又用奶酪块把洞封起来。工作的时候，我始终戴着一副在小母牛血里浸过的手套，连气儿都不朝这盘子食饵喘。等一切都弄好以后，我把它们装在一只抹满牛血的生皮口袋里，又在一根绳子的头上，拴上牛肝和牛腰，骑着马一路拖着走。我像这样绕了一个十公里的圈儿，每走四分之一公里，就扔一块肉饵，扔的时候，我总是万分小心，绝不让手去碰它一碰。

一般地讲，洛波总在每个星期的头几天到这个地区来，其余的几天，大概是在茜拉·格朗迪山麓附近度过的。这天是星期一，就在当天晚上，我们正要睡觉的时候，我听见了狼王的低沉的嗥叫声。一听到这种声音，就有一个伙伴简单地说了句："它来啦，等着瞧吧。"

第二天早晨我去了，真想瞧瞧结果怎么样。不久我就发现了这帮强盗的新脚印，洛波的在最前头——要看出它的脚印总是挺容易的。普通的狼，前脚只有四英寸半长，大的也不过四又四分之三英寸。可是洛波的呢，据量了好多次的结果，从前爪到后跟，竟有五英寸半长，后来我发现，它的其他部分也很大，它身高三英尺，重达一百五十磅。所以它的脚印，虽然被别的狼踩模糊了，还是并不难认。这群狼很快就发现了我拖牛肝牛腰的路线，并且照例地跟下来了。我看得出，洛波到第一块食饵这儿来过，还嗅过一阵子，末了还是把它带走了。

这时候，我高兴得实在憋不住了。"我到底逮住它啦，"我喊着说，"在一里路以内，我能找到它的尸首啦。"接着，我快马加鞭往前飞奔，一面满怀希望地紧盯着尘土上又大又宽的脚印。我多么高兴呵——这下可真的逮住它了，还可能逮住几只别的狼哩。但是，宽大的脚印还是在路线上出现；我站在马镫子上，把前面的平原仔细地搜索了一下，可是连一样像死狼的东西也没看见。我又跟着往前走——发现第三块食饵也不见了——我跟着狼王的脚印，走到第四块食饵那儿的时候，才知道它实际上根本一块也没吃过，只是衔在嘴巴里带着。到时候，它把前三块食饵往第四块上一叠，还在上面撒了些脏东西，表示它对我的计策是透顶的瞧不起。这么做了以后，它离开了我拖牛肝牛腰的路线，领着被它牢牢保护住的狼群，干自己的勾当去了。

这只是我许多类似经验中的一个例子，这些经验告诉我，用毒药是怎么也消灭不了这个强盗的，可是在等待捕狼机运来的时候。我还是继续在用，这也不过是因为，对消灭许多草原上的狼和别的有害动物来说，毒药还是一种挺可靠的东西。

约莫就在这个时候，在我的观察下发生了一件事情，更说明了洛波的老奸巨猾。这些狼至少有一桩事儿，是专为寻寻开心才干的，它们很难得吃羊，可还是要去吓唬它们，弄死它们。羊在平时总是一千头到三千头合成一群，由一个或几个牧人来看管。到了夜里，它们就集中在最能隐蔽的地方，羊群的每一边都睡上一个牧人，加紧防守。羊是一种这样没有头脑的动物，一点小小的骚扰，也准能把它们吓得东逃西散，但是它们天生就有一种跟随首领的本性，这种本性也许就是它们唯一的大弱点。牧人们也就巧妙地利用了这个弱点，在羊群里放了六只山羊。羊群看出它们生胡子的表亲比自己来得聪明，所以在夜里遇到警报的时候，就紧紧地围着这些山羊。有很多次，它们都是因为这样才没有被吓散，才容易受到牧人的保护。但是，这种情况并不是一直能维持下去的。去年11月末尾的一个晚上，有两个彼里柯的牧人被狼群的袭击惊醒了。他们的羊群挤在山羊的周围，山羊呢，既不呆傻，也不胆怯，它们沉着地站在那儿，显出一副勇敢无畏的样子。但是天哪，这回带头进犯的可不是一只普通的狼啊。山羊是羊群的精神力量，这一点狼王老洛波知道得和牧人一样清楚。它飞快地从密集在一堆的羊背上跑过去，扑在那些领头的山羊身上，几分钟工夫，就把它们全都弄死了，于是这些不幸的羊群，马上也就四面八方地到处乱窜了。以后几个星期，差不多每天都有几个焦急

不安的牧人跑来问我："近来你见到过失散了的'OTO 羊'吗？"我往往只好说看见过的。有一次是这么说的："见了，在钻石泉那儿见到过五六只死羊。"另一次大概是这么回答的："我见过一小群羊在玛尔丕山上乱跑。"不然我就说："没见过，两天以前，琼·梅拉在赛德拉·蒙特见过二十只刚刚被杀死的羊。"

最后，捕狼机运到了，为了把它们安装好，我和另外两个人一起，整整地干了一个星期的活儿。我们不辞劳苦地工作着，凡是我想得到的，能帮助捉到狼的办法，我都采用了。捕狼机布置好的第二天，我骑着马出去侦察，走了没多久，想不到竟会看见洛波在每一架捕狼机边走过的脚印。从尘土上，我看得出它那天晚上的全部活动经过。它在漆黑的夜里跑来，尽管捕狼机隐藏得那么严密，第一架还是立刻被它发觉了。它马上叫狼群停止前进，小心翼翼地把捕狼机四周的土扒开，直到捕狼机、链条和木桩全部暴露出来，可是弹簧还照样儿绷得紧紧的，这才离开原地继续前进，用同样的办法收拾了十二架捕狼机。不一会儿，我又发现，它一发觉什么可疑的形迹，有什么新的布置来坑它，它马上就停住步子，走到一边。我把捕狼机布置成 H 形。办法是，在路的两边放上两排捕狼机，在路中间，像"H"当中的一横那样，再放上一架。可是没过多久，我发现这个计划又失败了。洛波顺着这条路来了，而且在发觉当中的那架捕狼机以前，就已经陷进两排平行的捕狼机中间了。但是，它及时地停住了脚步。它怎么会或是怎么样知道这么做的，我可说不上来，我看准是有什么野兽大仙附在它身上了。这时候，它一寸不歪地、缓慢小心地，沿着自己走过的步子退了回来，每一步都是一分不差地踏在原来的脚印上，直到离开了这个危险地区为止。接着它回到一边，用后脚直爬土疙瘩和石头块儿，把捕狼机弄得全关上了。后来它在别的场合，也这样干过不少次，虽然我改换了办法，加倍小心，但总是瞒不过它。它的聪明机灵，好像绝不会出岔子似的。要不是后来它那只倒霉的母狼害了它，使它这样一个无敌的英雄，因为亲信伙伴的轻率大意而断送了性命，说不定直到现在，还在干着它那强抢硬夺的勾当哩。

三

有一两次，我发现了一些形迹，使我觉得喀伦坡狼群里有些事情不大对头。我想，这儿有些现象不正常呀。譬如说，从狼的脚印上可以看得清清楚楚，有只较小的狼常常跑在狼王前头，这一点我搞不懂，直到后来，有个牧人说了这么一个情况，才把事情弄明白了。

"今天我见着它们啦，"他说，"离开狼群乱跑的那只狼是布兰珈。"噢，我脑子里亮堂了，我说："我看哪，布兰珈是只母狼，因为，要是一只公的这么做，洛波马上就要干掉它啦。"

这个发现提供了一条新的计策。我宰了一只小母牛，把一两架捕狼机，比较明显地安放在死牛旁边。然后，割下牛头，把它当做根本不会被狼注意的没用的废料，放在离死牛不远的地方，牛头旁边，又放上六架扎实的、彻底消除过气味的钢质捕狼机，再非常小心地把它们隐蔽起来。布置的时候，手上、皮靴上和工具上都抹了新鲜的牛血，过后还在地上洒了些，做得好像是从牛头里淌出来的那样；捕狼机埋在土里以后，我又用山狗皮把这块地方扫刷了一遍，再用山狗脚在捕狼机上打了一些脚印子。牛头放在一堆乱丛棵子旁边，中间留着一条窄过道，在这条过道上，我又埋伏了两架最好的捕狼机，把它们跟牛头拴在一起。

狼有个习惯，只要一闻到有什么死动物的味儿，为了看个究竟，就是不想吃，也要走近去瞅瞅的。我就是指望这种习惯，能使喀伦坡狼群来中我的新圈套。我并不怀疑，洛波会发现我在牛肉上所使的手法，不让狼群去接近它，可我对牛头却寄托了一些希望，因为它看来活像是被当作废物扔在一边的。

第二天早晨，我赶去看那些捕狼机，嗬，我真高兴呵！全是狼群的脚印子，原来放牛头和捕狼机的地方，现在什么也没有啦。我赶忙把脚印研究了一下，发现洛波虽然不让狼群走近牛肉，可是，一只小狼，清清楚楚地是跑去看过放在一边的牛头的，并且不偏不歪地踏进一架捕狼机。

我们跟着脚印子往前追，不到一里路，就发现这只不幸的狼原来是布兰珈。它还在一劲儿地朝前奔，虽然有个五十多磅重的牛脑袋拖累着，还是很快就把我们这一伙步行的人拉得老远。但它跑到山边时，就被我们赶上了，因为牛角给挂住了，紧紧地把它拖住了。我所见过的狼当中，它是最美丽的。浑身油光雪亮，差不多成了白的颜色，漂亮极了。

它转过身来搏斗，提高着嗓子发出一声震撼山谷的长嗥，想召唤它的伙伴。远远的山地上，传来了洛波的一声深沉的回答。这是布兰珈最后一次嗥叫，因为这时候，我们已经逼近它的身边，它也鼓足了全部气力，准备搏斗了。

接着，不可避免的悲剧就发生了，后来我想起这件事，比当时还要感到害怕。我们每个人都朝这只注定要遭殃的狼的脖子上，扔上了一根套索，再用马往相反的方向使劲拉，直到它嘴里喷出了血，眼睛发了呆，四条腿也僵硬了，没有力地一下子倒在地上才住手。然后，我们带着死狼，骑马走回家去，为能够使喀伦坡狼群遭到了第一次致命打击感到高兴。

在悲剧发生的当时，以及在后来我们骑马回去的时候，我们时常听见洛波的嗥叫声，这时它正在远处的山地上徘徊着，似乎是在寻找布兰珈。说实在的，它从来没有遗弃过布兰珈，可是，它一向怕枪怕得厉害，所以当我们走到的时候，它就知道斗不过我们，而且知道已经没法搭救布兰珈了。这一天，我们一直听见它在四处寻找，在那儿哀声嗥叫，最后我对一个牧人说："这回我可真的明白啦，它跟布兰珈的确是一对儿。"

黄昏时候，它好像在朝山谷里走回来，因为它的叫声越来越近了。很明显，它的声音里充满着悲伤的音调。它不再是响亮的、毫无顾忌的嗥叫，而是一种冗长的、痛苦的哀号了，它好像在喊："布兰珈！布兰珈！"当黑夜降临的时候，我听见它就在我们追上布兰珈的地方的附近。最后，它好像发现了痕迹，当它走到我们弄死布兰珈的地方时，它那伤心的哀叫声，听起来真叫人可怜。那股子难过劲儿，我简直没法形容出来。连那些心肠挺硬的牧人听了，也说："从来没听见一只狼像这样叫过。"它好像已经把事情的经过全部弄明白了，因为在母狼死去的地方，沾染着不少的鲜血。

后来，它跟随着马蹄印子，走到牧场的屋子跟前，它上那儿去是想找布兰珈呢，还是想报仇，我可不知道。但事情的结果，却是它报了仇。它惊动了在屋子外面的我们那条不幸的看门狗，就在离开屋门不到五十码的地方，把它给撕成了碎块儿。这一回它显然是独个儿来的，因为第二天早上我只发现一只狼的脚印子，它跑的时候对路上一点也不注意，这在它是非常难得的事。我对这一点也估计到了一些，所以在牧场周围又加设了一批捕狼机。后来我发现，它的确也踏中过一架，可是它力气太大，挣脱了出来，又把捕狼机扔在一边了。

这时候我想，它还要在附近这一带继续找下去，最低限度也要把布兰珈的尸首找到了才会罢休。于是，我就把所有的精力，全部集中在这件事情上，想在它离开这个地区以前，趁它还在伤心得什么也不顾的时候，把它逮住。这时我才认识到，弄死布兰珈是个多大的错误，因为我要是能用母狼来做诱饵的话，第二天晚上我就可能逮住它了。

我把所有能够使用的捕狼机都集中起来，一共有一百三十架扎实的钢质捕狼机，再把它们分成四组，安置在每一条通往山谷的路线上，每一架捕狼机都分别拴在一根木桩子上，再把木桩子一根根分别埋好。埋的时候，我小心地搬开草皮，把挖起来的泥土一点不漏地全部放在毯子里，所以在重新铺好草皮，把一切都弄妥了的时候，就看不出一丝人手动过的痕迹。等捕狼机隐蔽好以后，我又拖着可怜的布兰珈的尸体，上各处去走了一遍，还在牧场周围绕了一圈，最后我又割下它的一只爪子，在经过每一架捕狼机的路线上，打上了一溜脚印子。做的时候，凡是我知道的预防办法和计策，我全用上了，一直搞到很晚才睡下来等待结果。

有一次，我在夜里好像听见了洛波的声音，但不能肯定是不是它。第二天我骑马出去，可是还没兜完山谷北部的路线呢，天已经黑下来了，我什么也没发现。吃晚饭的时候，有个牧人说："今天早晨，山谷北面的牛群闹得很凶，恐怕那边的捕狼机逮住什么了。"直到第二天下午，我才跑到牧人所说的那个地方去，我走近那儿的时候，看见一只大大的、灰溜溜的东西从地上挣扎起来，妄想要逃走。我一看，在我面前站着的正是喀伦坡狼王洛波，叫捕狼机给扎扎实实地咬住啦。

　　这可怜的老英雄，它无时无刻不在寻找自己的亲人，一发现它的尸体留下的痕迹时，就不顾一切地跟来了，于是就钻进了为它布置好的圈套，它躺在那儿，被四架捕狼机紧紧地夹着，弄得一点办法也没有。在它四周，有好多好多脚印子，说明牛群是怎样围集在它旁边，侮辱它这个遭了殃的专制暴君，但又不敢跑到它还可以抓得着的地方去。它在这儿躺了两天两夜，现在已经挣扎得筋疲力尽了。可是，当我走近它的时候，它还爬起身来，耸着毛，扯开嗓子，最后一次使山谷震荡起它那深沉的嗥叫声，这是一种求救的呼声，是召集它的狼群的信号。但是，一个接应它的也没有，让它孤零零的、处在走投无路的情况下。它用尽全力扭动着身子，拼命想来扑我。这可都是白费劲儿，每一架捕狼机都是三百磅以上的死累赘，它在四架残酷的捕狼机的控制下，每一只脚都被大钢齿咬住了。那些大木桩子和链条，又全缠绕在一起，搞得它毫无办法。它那象牙色的大牙齿，是怎样磨啃无情的铁链的，当我鼓起勇气用枪托子去碰它，它在枪托子上面留下的牙齿印，直到今天都还保留在那儿。在它枉费气力，想抓我和我那匹吓得发抖的马的时候，它的眼睛里闪着绿幽幽的光，充满了憎恨和愤怒，爪子在地上爬出了一道很深的沟。但是，饥饿、挣扎和不断的淌血，耗尽了它的气力，不久它就筋疲力尽地倒在地上了。

　　在它手里受过罪、遭过殃的可真不少啊，但当我准备下手给它报应的时候，却产生了一种好像受到良心责备似的感觉。

　　"好一个老恶棍，上千次非法勾当的主角儿，不消几分钟，你就不过是一大堆臭尸首啦。别的结果是不会有的啦。"我一说完，就挥起套索，嘘地一声朝它的脑袋扔了过去。但事情可没那么顺当，要它服帖呀，还差得远哩。它不等套索落在脖子上，就截住了它，使劲这么一咬，又粗又硬的绳索，给咬成了两段，掉在它的脚跟前。

　　当然，万不得已时我最后一着还可以用枪，但是我不想损坏它那张宝贵的毛皮，于是，我骑马奔回宿营地，找来一个牧人和一根新套索。我们先把一根木棍朝这只遭殃的狼扔去，让它咬住，然后，在它没来得及吐掉的时候，我们的套索已经嗖地飞了过去，紧紧地套在它的脖子上了。

名家笔下的科学世界

这时候，它凶猛的眼睛还在发亮，我赶忙喊："等等，咱们别忙弄死它，把它活捉到牧场去。"现在它一点气力也没有了，所以我们很容易地往它嘴里通了一根粗棍子，塞在它的牙齿后边，然后用粗绳绑住它的爪子，再把绳子系在木棍上。木棍拉牢了绳子，绳子又拉牢了木棍，这么一来，它就没法伤人了。它感到自己的爪子被绑起来以后，也不再反抗了，它一声不响，只是沉静地瞅着我们，好像在说："得啦，你们到底把我给逮住啦，爱把我怎么办就怎么办吧。"打那时候起，它也不再理睬我们了。

我们牢牢地绑住它的脚，但是它并不哼哼，也不叫唤，连脑袋也不转动一下。接着，我们两个人一齐用力，刚刚能够把它抬到马背上。它这时的呼吸很均匀，好像在睡大觉似的，眼睛又变得明亮清澈了，可是并没有朝我们瞧。它紧紧地盯着远处一大片起伏不平的山地，那是它过去的王国，它那赫赫有名的狼群，现在已经东离西散了。它一直这样盯着，后来马下了坡，走进了山谷，岩石把它的视线给切断了。

我们一路都走得挺慢，安全地到达了牧场，我们给它戴好项圈，套上一根粗链子以后，把它拴在牧场的一根桩子上，然后再把绳子解掉。这时候，我算头一回能够仔仔细细地瞧瞧它了，同时也证实了：一般人对这位当代英雄或暴君所谈的那些传说，是多么不可靠的事。它的脖子上没有什么金圈儿，肩头上也没有什么表示它和魔王结盟的反十字。不过，我在它腰部的一边，发现一块大伤疤，据传说，这是坦纳瑞的猎狼狗领班裘诺的牙齿印——是裘诺被它弄死在山谷沙地上之前的那一会儿，给它留下的伤痕。

我把肉和水放在它旁边，可是它睬也不睬。它平平静静地趴在那儿，用它那对意志坚定的、黄澄澄的眼睛，通过我背后的山谷入口，凝视着远方空旷的原野——这是它的原野啊——我碰它的时候，它一动也不动。太阳落山的时候，它还在死盯着那片草原。我以为到夜里它会把它的狼群叫来，所以为它们作好了准备，可是它在走

95

投无路的时候只叫过一次，但一只狼也没有来；它就再也不叫唤了。

据说，一头狮子被弄得没了气力，一只老鹰被剥夺了自由，或是一只鸽子被抢走了伴侣，都会因为心碎而死去：谁又能说，这个残酷的强盗能够经得起这样三重的打击，一点不伤心呢？这一点，只有我才知道，第二天天亮的时候，它还是极其平静地躺在老地方，不过，它已经失掉了活力——老狼王死啦。

我把它脖子上的链条取了下来，一个牧人帮着我，把它抬到了放置布兰珈尸体的小屋里，当我们把它放在母狼的旁边时，那个牧人大声说："来吧，你要找它，现在你们可又团圆啦。"

海豹冒险记

〔法国〕 黎达

　　从前，有一族海豹快乐地生活着。他们中有年纪大的，有年纪小的。有些是才生下十五天的海豹娃娃，全身是鬈曲的白毛，只晓得吮奶和吃雪。有些是肥胖的老海豹，下巴有三层，生着胡须，老是想睡觉。有些是海豹妈妈，她们照管着自己的小娃娃。在那些年纪大的海豹里，还有海豹爸爸、海豹伯伯、海豹叔叔、海豹婶婶、海豹爷爷、海豹奶奶、海豹曾祖父、海豹曾祖母。在那些年轻的海豹里，有些不过是两岁、三岁或四岁的海豹小伙子和海豹姑娘，他们身上披着灰蓝色的皮毛，好像海神和人鱼那般漂亮。

　　这一族海豹是属于格陵兰的北海豹族，是北冰洋里最著名的一族。他们的祖先曾经统治过七个海和两个大洋。

　　海豹到了成年，背部生出一条一条黑毛。那些未成年的小海豹和年纪大的老海豹看见了这种记号，都要对他们表示又羡慕又尊敬。

　　这一族中的领袖名叫戴格。他在全族中年纪最大，毛最粗，身体最胖，并且最聪明。逢到危险的时候，总是由他发出沙嗄的叫声，警告全族。在平时，他常常替族中的海豹排解纠纷，指示年轻的妈妈们怎样照顾孩子。每逢大群出动的时候，他总是游在前面领导。

　　戴格年纪虽然大，可是很高兴加入小海豹的游戏队伍。小海豹们像闪电般快地追来追去，捕鱼，泼水，大声叫喊。

　　在许多子孙中，戴格最欢喜曾孙司格夫，他是一只谁都比不上的又伶俐、又谨慎、又勇敢的小海豹。

　　司格夫捕鱼的时候，从来不会错失他的猎物。他还能够巧妙地避去鲨鱼的大嘴。每逢同伴遇到危险，他总是毫不犹豫地投身过去救援。

　　他生得那么美，身上的皮毛在干燥的时候显出灰色的斑点，腹下有一块地方是白色，形状像新月。在潮湿的时候，他身上的毛比他堂兄弟的显得更加蓝。他的眼睛比北极的夜色更美。

　　司格夫有四个最要好的同伴，就是：冒险家斯伦、捕鱼家贝思卡、气象家卡辣和天文家奈葛里。在他们一群里，除了司格夫，要推斯伦生得最小最伶俐，斯伦常常引导堂兄弟和堂姊妹们去做急游游戏。他对于潮流的知识比任何海豹来得丰富，他简直像人一样聪明。贝思卡的特长是善于探寻出鳕鱼群和鲱鱼群集中的地方。他潜入水底，像陨石由天空坠下一样快。他在水里吃鱼，好像玩着掷球玩具。卡辣顶欢喜在大雾里、狂风里、浪涛里和碎冰里玩耍。他会预言天气，报告将要来到的暴风。在这北极的漫漫的长夜里，停止了游泳，仰望着繁星绕着北极星慢慢移动的是谁呀？一夜不睡，等着看那黎明时颤动的光幕的是谁呀？对于东南西北的方向知道得顶清楚的是谁呀？就是那小奈葛里，天文家奈葛里啊！

　　这族海豹生活在一座大冰山旁边，不可思议的北极的冰世界里。地理学家把那里叫做"北冰洋"，但在海豹语言里它叫做"好海"。

　　在这一带地方，情形完全和别的地方不同。一年里暖热的季节只有三个月：从6月开始到8月底止。其余都是寒冷的月份。假使在司格夫等住的地方放一只摄氏寒暑表，在最冷的时候，表上会降到零下五十度！这样冷，只有海豹受得住。

　　在夏天，太阳整天在天空里，永远不落下去。在半夜里，太阳降到地平线上，又红又大……它将落下去吧？可是并不，它重新升起来，再在天空打转。整整三个月都是这样，一直没有黑夜。

　　9月初，北极地方的太阳好像感到疲倦了，开始落下去，最初只落下去一小时，后来逐渐放长，变为两小时、三小时……再往后，它早晨起来得愈来愈迟了。在11月，它要在上午十一点钟才起身，下午两点钟就睡觉了。再后来，它更加懒了，索性睡着不起来了。一直有三个月是整天的黑夜，月亮回绕在天空，不下去休息。

　　不过，在那漫漫的长夜里，有时太阳会从地平线下突然投射出闪电似的光来，在天空里出现一条条、一圈圈或一幅幅的美丽的光彩，这就是北极光。

到了暖季的初期，白雪开始融化。大冰山的边缘也渐渐地裂开，渐渐地变薄。罩在小岛屿上的冰山脱下许多大冰块，涌到北冰洋里去，海洋也醒来了，摇去了封锁它的冰，带着汹涌的浪涛、吓人的冲击声音和怪形怪状的冰山，朝南流去。

冬天过去了一大半，北极的长夜快要完了。太阳重新怯怯地出现在天空。在雪粉的褥子底下，躺着像台面般平滑的冰块，一望无际地伸展到很远的地方。在一个大岛旁边，有许多蓝色的小海湾和粉红色的小岬。一队队大大小小的鳕鱼在那里挤来挤去。

在这个时期，戴格和他所领导的海豹们，都舒舒服服地过着捕鱼生活，转瞬间，他们都吃得胖胖的了。

这是年轻海豹们最高兴的季节，他们在积雪上和水里快乐地嬉戏着。

司格夫领导他的同伴们做着各种游戏，其中要算"鲱鱼球"最受欢迎。贝思卡用头一顶，把一条鲱鱼抛到空中，他的同伴就跃起来抢夺，谁能抢到吃掉那条鲱鱼就算胜利。"跳海豹"也是他们爱玩的游戏。先由一只海豹在水面上游，另外一只追过去，从他身上跳过。这时候，第二只在前面逃走，第一只就追上去，照样跳过他的身体。"捉鱼比赛"也是很流行的游戏，斯伦、卡辣、奈葛里或者别的海豹先朝水深处看定一条游鱼，然后他们一齐跳下水去追捕；这是一种潜水竞赛。看定的鱼往往被司格夫捉到，总是他得胜的。

贝思卡还有一种"抢鸟食"的特技。他常常注视着在波涛上盘旋的海燕。当其中的一只折拢银色的翅膀，去突击一条可怜的鳕鱼时，贝思卡比打雷还快，把鸟捉住，把鱼吃掉。

一般海豹能够潜水二十分钟；可是司格夫却打破了这个纪录，他能够超过四十多秒之久。他在潜水时，鼻孔紧闭，直到他的漂亮的面孔浮出水面时，才张大鼻孔，深深地吸一口气。随即他又潜下水去，连人家想看一看他的胡须和美丽的眼睛都来不及。

司格夫和他的同伴往往在冰块底下潜游。他们换气时，就砰砰砰，用头击着冰块；沙沙沙，用前爪在冰下挖洞；他们就是这样弄穿冰块的。冰块上有了洞，那些小海豹，那些一岁的海豹娃娃在冰块底下游，就不会淹死了。

那些年轻的海豹是很活动的，他们不肯固定在一个地方。有时他们睁开眼睛，闭着鼻孔，在水浅地方的绿色海藻丛里捕捉海虾；有时他们在暗礁的隙缝里拉出海胆来吃；有时他们潜游到海下面的沙土上，去捕捉贝类和海盘车吃。他们常常成群结队到远处去，无非是到水世界里去寻找奇异的景物。每逢他们从远途旅行回来，这支快乐的队伍，往往在亮晶晶的冰块之间，掀起了极大的骚动，欢声震天。

唉！想不到倒霉的事情来了。在4月中的一天，不知从哪儿来了几条鲨鱼，屠杀着海豹。戴格的十二个侄孙就丧身在它们凶猛的嘴里。还有五只海豹被旗鱼的利剑状的上颚刺死。有一次，由斯伦带领的一支探险队，误入了海象的埋伏地方，在战斗中有九只同伴被这些无情的恶魔击死了；余下的海豹垂头丧气地逃了回来。

司格夫、斯伦、卡辣等只有一个念头：为他们的堂兄弟和堂姊妹们报仇。海豹妈妈们主张离开这一带可怕的海洋。年老的戴格不知道应该怎样，因为天气突然冷起来了。在几天前，这个海岬还是自由的：现在又结冰了，一直冻结到岛边。海豹们明白又要被禁锢在广大的冰块底下了。于是他们把那通气洞里的积雪扫干净，并且把洞扩大了一点儿，在水平面以上的地方，在横里挖去一点冰，构成一个避难所。如果海边有什么大动物来袭击，他们可以跳到里头去躲避。

有一天，冰上出现了几只白熊，在洞的周围徘徊了一会儿，就踏着广大的冰原，去长途旅行了。

海豹们曾在冰面上设了一个守望所，各人轮流值班。有时，他们也爬到冰面上来，总是非常谨慎，一听见守望者的警告，立即躲藏到下面去。

有一天，司格夫、奈葛里和几个同伴到上面去吸一口新鲜空气，司格夫望见大冰原的远处有一个黑点，逐渐扩大过来。不久，他看见十二只狗拖着一辆雪橇跑来，一个人坐在前头，另外一个人站在后面。

司格夫马上警告同伴，海豹们都吓得钻进洞去。只剩司格夫仍旧留在上面，藏在一堆雪后张望。

　　十二只狗停止了脚步，雪橇上的两个人走了下来。他们的面孔很大，眼睛小，皮肤淡黄色。他们穿着厚厚的兽皮，一看身上的装束，就知道是来猎海豹的爱斯基摩人。他们解下了一只狗，让狗在冰上跑，用鼻子嗅着雪。

　　忽然，那只狗在一个冰洞旁边站定不动了。那两个爱斯基摩人马上赶过来，站在那里一动不动地守候了好久好久。最后那个个子较大的爱斯基摩人举起渔叉，瞄准洞里用力一掷。他们两个人随即拉着渔叉上的绳子，把一只大海豹拖到冰面上来了。那只海豹被渔叉刺伤，鲜血淋淋，他哀叫着，挣扎着。那个个子较小的爱斯基摩人就拔出尖刀，朝海豹的颈窝里一刺，结果了他的性命。

　　然后，他们开始切割，先剥下海豹的皮，把它卷起来，好像卷一张毯子。他们再把海豹的肉和脂肪切成四份，装进肩头上两只大袋。剩下些零碎的肉，留给贪吃的海燕。于是，他们重新登上雪橇，一路上唱着他们的山歌。

　　　　他们替换唱着，歌声很别致：

　　　　我冻得要死，我饿得要死，

　　　　海豹呀，你是我们的友人，

　　　　你的血呀，救了我的性命。

　　　　如果没有你，我们早已在雪里葬身。

　　　　你的肉呀，可以做我们孩子的点心。

　　　　你的油呀，给我们温暖，供我们点灯。

　　　　我们的衣服，我们的手套和皮靴，每一样

　　　　都是用你的皮来制成。

　　　　你的皮还可以包我那轻便的小艇。

　　　　海豹呀，你真是我们的友人。

　　向冰块底下发出警告的司格夫，亲眼看见他们杀死自己的同伴，害怕得颤抖不止。这一天，猎人杀死了一只海豹。以后的几个星期里，浓雾笼罩着冰原，使猎海豹的人无法活动，海豹们过了好几天舒服日子。

　　在这个时期里，他们这一族海豹里，差不多同时出生了三十六只海豹娃娃。海豹妈妈们把避难所扩大一点，使小娃娃们也能居住在里面。

夜渐渐短起来，太阳渐渐和暖起来，雪融化了，和风吹起来了，冰块也碎裂了，海洋也醒了，潮流冲着一块块的大冰块，发出震耳的响声。广大的冰原碎成许多大冰块，沿着海岸漂流，好像大木筏。

从这时候起，上了年纪的海豹爷爷和海豹奶奶们安心地晒着太阳。不久，海豹娃娃就断了乳。他们的鬈曲的白色软毛换上了漂亮的灰毛。海豹娃娃们生下来二十五天之后，已开始游泳了。

可是，难关又临到这一族的头上，海豹们所欢喜的鳕鱼，已经离开了这一带的海洋，海燕也飞开了。

年长的海豹伯伯、叔叔、姑姑、婶婶们一天天瘦下去了，年轻的海豹堂兄弟和堂姊妹们常常吵闹着，小海豹们喊着肚子饿。他们只好离开那些木筏似的浮冰，结成队伍，去寻找鱼踪。他们游了两天，在第三天早晨，充当前哨的贝思卡。突然向同伴们打了一个信号，表示前面有一大群鲑鱼。

真是一支浩浩荡荡的大军，十万条鲑鱼排着整齐的队伍前进着：大鱼在前，中鱼在中间，小鱼在后面。海豹们马上追上去攻击这支大军的后卫。袭击了好几次，每一次攻击过后，鲑鱼们整顿着散乱的队伍，继续前进。

海豹们紧紧地追赶着，到了第三天，他们来到一个小海湾；那是一条大河的入海处。那支鲑鱼的队伍奋勇地向大河游去，海豹们仍旧在后面追着。在大河两岸，是一层层不太陡的岩壁，上面聚集着许多红脚的海鸠。

鲑鱼们逆流而上，河身渐渐狭隘，他们的前锋游到一座高耸的石壁前，大河从石壁上冲下，成了一道瀑布似的急流。鲑鱼是不怕这种阻碍的，他们把身体弯成弓形，尾巴触着水面，好像弹簧似的，作着惊人的跳跃，一排排地跳过这个障碍。他们跳过去后，重新整顿了一下队伍，预备去克服新的困难。

海豹们跳壁的本领不及鲑鱼，只好眼巴巴地放弃那群鲑鱼。小海豹们已经游得很疲倦，戴格领他们到一个小湾里，躺在沙滩上休息。

海豹伯伯、海豹叔叔和海豹姑姑、海豹婶婶们已经吃饱鲑鱼，他们中有些和年老的海豹一起安静地休息，有些和年轻的海豹去捕捉贝类动物。唉！有些海豹想爬到旁边的石壁上去，偷吃海鸠的蛋呐。他们如果能在第一级上停下就好啦，因为那里到底离开海面还近，遇到危险，还来得及跳进水去。可是不，馋欲驱使他们一直向上爬去，愈爬愈远，他们一直爬到了石壁顶上！

不幸的事情就这样地遭遇到了。六个白种人，手里拿着短棍子，突然出现在石壁顶上。真可怕啊！他们见了海豹，就凶狠狠地向他们没头没脑地乱打。许多海豹顿时给他们打死了。其余的海豹一边呼号着，一边拼命逃走，狼狈地滚下石壁。

在这场混乱的败退中，老戴格看见一个白种人奔到海边，叫唤着，做着手势。他还望见在小海湾北面，停着一只轮船，半个船身露出在岩石外面，半个船身被岩石遮没。三根桅杆矗立在笨重的船身上，一面蓝底子黄十字的瑞典国旗在船尾飘扬，许多人在甲板上走动，高声回答着岸上的人，戴格指挥全群海豹朝南方游去，当他的队伍脱离了危险地带以后，他在冰块上面召开了一个全族会议。他说：

"'好海'不再像我年轻时那样安静了。唉！白熊和鲨鱼不会怜惜我们，人们也不会放松我们。我们又该搬家了！"

戴格透了一口气，继续说："好多年前，我曾经听见奶奶讲过，她和一条鲸鱼是好朋友。有一次，她听见那条鲸鱼对她说：每年解冻后，海洋里有一支向西流去的潮流，那里，它把许多浮冰冲到西方去。如果沿着这潮流一直过去，可以发现七座岛屿，第七座岛屿所在的地方就是'暴风圈'，那里非常危险，白熊都不敢经过这地带……"

卡辣抢着说："风曾经告诉我，只有最勇敢的海豹能够穿越'暴风圈'……"

奈葛里也喃喃地说："我从星象里观察出：在'暴风圈'附近有一个平安而美丽的岛……"

斯伦说："我对于潮流的知识比任何人都丰富，我可以领你们顺着潮流游去……"

"亲爱的儿女们，你们都很聪明；你们有了天文、地理、气象、潮流等知识，知道了那里的秘密，"戴格说，"但愿那些知识能够永远保护你们……在那和平的岸边，我们还可以幸福地生活下去，可是，它离开这里到底太远了，一路上还有许多暗礁呢！我觉得自己太老，在长征时，不能再当你们的领导了……我以为推举司格夫做领导最合适，凡是愿意前去的，都得服从他的领导，跟他去吧！"

静默了片刻，年轻的海豹们一齐发出欢呼，都愿意参加长征，年老的海豹们对于改换环境，有点犹豫不决。海豹妈妈们为了她们的小娃娃，对于这次旅行也有点不放心。最后，司格夫说：

"如果小娃娃们的父母愿意带着小孩子跟我们一道去，我们长征队里的小伙子们可以在前面当先锋队，我们可以打开一条出路，排除种种危险。我们不怕暴风，我们可以保护你们，一同到幸福的岛上去。"

经过司格夫的鼓励，大家都愿意出发了。

这一年的整个夏天，他们就作着长途旅行。

奈葛里观察着整天在空中的太阳，指示全群海豹进行的方向。卡辣随时辨别着风向。斯伦测量着流水的速度。

有一天，他们看见前面有一个岛，岛上罩着一座大冰山。这时，正是开始解冻的时期，那座亮晶晶的大冰山朝着海里推过来。突然，发生一声震天的巨响。原来阳光把冰山的面融化了，一块冰掉落到海里去，顿时把海水激起许多水柱和掀天的大浪。这还是奇景的开场呢。那些冰山不停地一座跟着一座分裂，在海里大声地互相冲撞着，打转着。

海豹们一直在一座一座百米高的冰山之间，游泳了半个月。过了这一带地方，他们跟随着那股冲着浮冰的潮流，朝着北方游去；因为那支潮流改了方向，也朝着北方流去了。至于那些冰山呢，被别支潮流带到南方去了。在航线里密布着许多流动的礁。

这群漂泊的海豹在这次英勇的冒险中碰到了许多危险，曾经战胜了一只白熊。这真是一次永远不会忘记的战绩！

有一天，奈葛里在一块浮冰边上进行太阳浴，一只躲藏在冰块后面的白熊忽然跳过来，伸出巨大的脚向奈葛里一击，奈葛里就受了伤，跌到水里去。白熊也钻到水里。在附近的司格夫看见了就大声呼救，其余的海豹都闻声赶来了，把敌人包围住，于是一场激烈的战斗就开始了。

白熊只能在冰上、陆上称大王，在水里海豹就比他厉害。这只凶猛的白熊几次三番想爬到冰块上去，他尝试了二十次，都被海豹们拉到水里。他向四周探索，没有办法制服海豹。他有点气疯了，气喘着，号叫着。他在水里游泳，用尽了最后的气力，直到游不动为止。于是，全群海豹一拥而上，咬他的周身，狠狠地拖住他的毛，把他活活淹死。

弄死白熊以后，海豹们继续航行。可是奈葛里受了重伤，不能游泳了。他们就分头坐在冰块上，把冰块划动，直到奈葛里的伤痊愈为止，他们再顺着潮流游去。一路上，有许多次，他们抬头望着倒映在空中的幻景。还有许多次，他们看见终夜不落的太阳，把灰白色的海水和冰块照得金碧辉煌。他们遇见过许多奇异的动物，他们和平地穿过喧噪的小海豚群和美丽的野鸭群。他们还碰到两条身上生有斑点的独角鱼，他们用自己的长角互相残杀着。

不久，海豹们游泳到第一座大岛，他们就上去游玩，那岛上生满软软的青苔和红色的地衣。几只驯鹿和麝牛在低矮的柳树和瘦瘦的枫树间吃草。海豹们离开了这第一座岛，继续前进，到了第二座岛。那里有狐狸和狼往来各处。岛边的土地很潮湿，蚊虫很多，使海豹们不敢久留。跟着，他们又到过第三座岛和第四座岛。第四座岛上有许多旅鼠，凡是他们经过的地方，一切可吃的东西都被吃得精光。海豹们不愿意在那里停留。后来他们又游到第五座岛旁，那里生长着许多矮小的红醋栗，开着黄花。第六座岛上什么东西都不生长，并且非常寒冷。在它的荒凉的岸边，堆着破木板和漂流过来的残物。

夏天过去了。在冷汛开始时，海豹们游到了第七座岛旁。那是一个小岛，上面住着海鸥，他们是能够预知暴风的鸟。海豹们加强勇气，坚定信心，迎接着即将到来的大风暴。

海豹们离开了这最后的一座岛。在第三天，司格夫和贝思卡望见远处有一条大鲸鱼，不时出现在一块大冰块前。她呼吸一下，然后从鼻孔里喷射出两条水柱来。

这时，海豹们就停止前进，现出害怕的样子，原来他们望见了一条大船，张着几副篷，顺风行驶着，在追赶这条大鲸鱼。于是，司格夫照顾着小海豹们，戴格照顾着老海豹们，慢慢向前游去。天空突然阴暗起来。从大船上放下一条小船，五个白种人跳下小船，拼命划着，去追大鲸鱼。到了逼近大鲸鱼的地方，他们掷出一把锐利的大鱼叉直向大鲸鱼身上飞去。大鲸鱼受到了袭击，掉转身体，一个大翻身，尾巴用力一击，打中了小船，把小船打得粉碎，同时五个白种人被扫到了海里去。

这时，刮风了，风愈刮愈大，把大船吹到许多冰块里去，扯破了船上的篷，吹断了大大小小的绳索，吹断了桅杆。海浪滔天，许多冰山互相碰撞，好像在剧战。在这大骚动里，天空昏暗，巨大的冰块随着浪涛，一会儿像水晶的墙壁矗立在海中，一会儿坍倒下去，发出打雷似的大响声。

狂风不住地呼号，非常生气的样子，它把两大块碎冰直向那只大船投去，第一击船身被撞破，第二击船倾侧，不等到第三击，大船已被乱冰捣毁，沉下海去。狂风把船尾上的一面蓝地黄十字的旗子，吹到惊叫着的海豹群中。

卡辣喊道："暴风！暴风！"

司格夫发出命令："向前游，跟我们游！"

于是，老老少少的海豹们在狂怒的冰块底下潜游着。

到了傍晚，风小了，海豹们可以在碎冰之间舒舒服服地呼吸一口气，不致遭到死亡的危险了。

正要下坠的太阳照在凌乱的碎冰块上，发出五颜六色的光彩，好像一座坍倒了的宝石宫的废墟。海豹们已经旅行得很疲倦，就躺在木筏似的冰块上睡觉。那冰块载着他们慢慢地漂去。

海豹们一觉醒来，只见太阳隐在云朵里，旁边有两个由日晕而起的美妙

的光轮。在他们的前面有一个平静的大湖，在大湖中央有一座灿烂的小岛。

司格夫和他的堂兄弟、堂姊妹们望见于这个地方，立刻发出一阵欢呼；那些生着胡须的老海豹们也快乐地呼号着；海豹妈妈们一边欢喜得流出眼泪，一边把海豹娃娃们推到水里去。于是整队海豹向小岛游去。他们到了

岛边，在它四周绕游一圈，一边游着，一边发出震耳的欢呼。

美丽极了！岛的四周都是低低的沙矶和岩石。岩石上躲着许多鸟。整个岛好像是一件挂着绿流苏的白袍子。山峰上的积雪好像一顶晶莹的冠冕。岛上的居民都是文雅无害的动物，他们都穿着白色的制服：猫头鹰在高处鸣叫，鹧鸪和野兔躲在白色的灌木里，一切都是白色。象牙色身体、黑色脚的海鸥和红嘴的海燕，一同在水面上飞翔。一队队小企鹅和大头的善知鸟立在悬崖上，好像一个个瓶子。

湖边的岩石上布满了蓝色的壳菜和好玩的贝壳。湖里到处划着一条条的痕路，这是成群结队的鱼在游动。

这真是幸福岛……

海豹们又在那里玩着"鲱鱼球"游戏，这是贝思卡顶高兴玩的；司格夫发明了几种新游戏，大家都跟着他玩；奈葛里称称心心地观察着星象。他们过得很快活！

被偷换的黄金有多少?

〔日本〕板仓圣宣

有一天，当伽利略又一次重读了阿基米德的《浮力论》之后，他深有感触地想："阿基米德真是一个出色的学者啊!"

"杠杆原理，各种不同形状物体重心的求法，球体和圆柱体体积的计算法，圆周率的精密求法，抛物线和螺线性质的研究，各种新兵器的发明，还有浮力原理……"伽利略想着阿基米德的一件件研究工作："这一切是多么出色啊!"

伽利略对阿基米德的工作真是钦佩得五体投地了。

"我是不是也能成为像阿基米德那样出色的学者呢?"伽利略叹了一口气，想着："那些重要的东西是不是已被阿基米德发现完了呢?"他两手叉在桌上，不知不觉地想起了阿基米德很久很久以前进行研究时的情形……

青年时代的伽利略

伽利略（1564—1642 年）是大约四百年前意大利的一个大学生。他好不容易才进了比萨大学的医学系，可是中途退学了。后来，他拜一位有名的数学家为师，向他学习数学和自然科学。在那个时代，大学里有医学系和法学系，可没有物理系和工程系，因此，想学习数学和机械技术的人，只能靠自己刻苦用功了。

青年时代的伽利略最景仰的学者是古希腊的阿基米德。阿基米德出生于公元前 287 年前后，死于公元前 212 年，是两千两百年前的一个非常活跃的学者。阿基米德有许多重大的发现，其中最著名的是"浮力原理"的发现。在阿基米德所写的书当中，伽利略认为最好的一本就是阐述浮力原理的《浮力论》。

王冠之谜的故事

伽利略想起了一千八百年前阿基米德解决"王冠之谜"的故事。

事情发生在阿基米德所居住的叙拉古国（一个城市国家，位于现在意大利南部的西西里岛上）的宫殿里。有一次，国王让一名匠师用纯金做一个王冠。这个王冠做好以后，有人传说它不像是用纯金做的。国王周围的人把王冠拿在手中时，总觉得它不像是用纯金做的，心想："如果是纯金，按理应该更重一些，可是现在却感觉不到那个分量。"

"肯定只有表面是金子，而里面是用银子做的。"

"对，对，一定是匠师耍了花招。"

这样的议论悄悄地传开了。读者们也许没有拿过大的金块和银块，但肯定拿过用铁和铝等做的东西吧。单凭手的感觉，我想，大多数人都能立即辨别出哪个是铁的，哪个是铝的。即使表面涂上油漆，也能分辨出来。同样是一立方厘米体积，铝的重量是二点七克，铁是七点九克，铅是十一点三克，银是十点五克，金是十九点三克。相比之下，金和银的重量几乎差一倍。因此，拿惯金子、银子的人，只要把王冠拿在手里，也就大体上能知道它是否全部用金子做的。可是不管怎么说，由于拿不出什么明显的证据，谁也没有向国王提过这件事，而只是偷偷地议论着。

但是，不久以后，这些背后的议论被国王知道了。这下可不得了，国王大发雷霆。如果像人们传说的那样，王冠不用纯金做的，那就是匠师欺骗了国王；如果王冠确实是用纯金做的，那么，那个散布"王冠是假货"的人就会成为故意破坏国王尊严的罪人。

于是，国王马上就把那个匠师叫来，问道：

"你还记得吗，我曾给你××克的纯金，命令你用它来做王冠？……"

"是的，是的，我已经把那些黄金全部用来做王冠了。把王冠称一称，就可以知道了。……"匠师回答道。

于是，王冠被放在秤上称了一下。果然，正如匠师所说的：它的重量恰好是国王所给纯金的重量。

这样一来，那些说"王冠不是纯金做的，肯定是掺了银"的人就要被当成坏人了。因此，国王身边的人都着了慌。

"不过，陛下，匠师也许会把一部分纯金换成银，而又做成一样重。"

"哦，也有可能。但是，你怎么知道呢？你是不是把王冠掰开看过里面呢！"

国王这么一讲，谁也不敢再吱声了。其实，国王自己也感到"这个王冠要说是纯金的，似乎有点不够那沉甸甸的量"。不过，要把为了祭神而特地费了很大工夫做出的这个王冠随随便便地毁掉，也是不行的。

阿基米德出场

"诸位，没有什么好主意了吗？"当苦于想不出办法的大臣这样问的时候，有个人说："是不是可以找阿基米德商量一下，看看他有什么主意？"这样，阿基米德就被牵扯到这个故事中来了。

跟阿基米德商量的是这样一个问题："能不能不损坏王冠，而确定它究竟是纯金做的，还是掺了银的？"

阿基米德当时没有立即想出好主意。据传说，他边想着这个问题，边走到公共澡堂去了。

那时，在澡堂里，热水满满地装满了澡盆。

"我一进澡盆，热水就要流到外面。真可惜啊，要流掉像我的身体那么多的水呢！"阿基米德边想边跨进了澡盆。"我知道了！"突然，他喊了一声。接着，他便光着身子走出澡堂，一边高声喊着"我知道了！我知道了！"一边飞也似地跑回家里。

阿基米德的解答

阿基米德的这个故事，记载在古代一位名叫维特鲁维的优秀工程师所写的名著《论建筑》一书中。伽利略也读过这本书，书中写道：

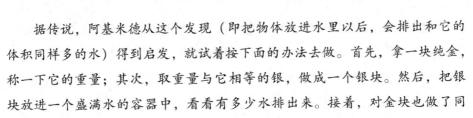

据传说，阿基米德从这个发现（即把物体放进水里以后，会排出和它的体积同样多的水）得到启发，就试着按下面的办法去做。首先，拿一块纯金，称一下它的重量；其次，取重量与它相等的银，做成一个银块。然后，把银块放进一个盛满水的容器中，看看有多少水排出来。接着，对金块也做了同样的试验。他发现，虽然金块和银块一样重，可是银块排出的水却多得多。

于是，阿基米德拿了与王冠重量相等的纯金块，放进盛满水的容器里，查一下有多少水排出；再把王冠放进盛满水的容器里，看一看怎么样。结果发现，王冠排出的水比纯金块排出的水多得多。这样，他就清楚地知道那个王冠不是用纯金做的。（引自维特鲁维的《论建筑》第九册序）

不用说，那个匠师当然受到了非常严厉的惩罚。

伽利略的问题

伽利略非常喜欢这个故事。这大概是因为它说明了，科学能发挥多么大的作用。伽利略只要一想起阿基米德兴高采烈地跑回家时的喜悦心情，就总是感到非常高兴。可是他对这个故事的后一部分却不太满意。为什么呢？因为按照这个方法，需要把金块、银块和王冠放进水里，然后测量所排出的水的体积。可是实际上，要精确测量所排出的水的体积是非常困难的。换句话说，从实验的角度看，这个方法是不够严密的。伽利略想："如果真的是阿基米德，他在数学上一定会做得严密得多的。"他知道，阿基米德写的书，不管哪一本，在数学上都是非常周密严谨的。因此他想：如果是阿基米德的话，他一定会做一个更加精确的实验，并且清楚地查出，做王冠用金子有百分之几的重量被偷换成了银子。

伽利略独自在思量："如果是阿基米德的话，肯定会这样做的！"于是，他想自己动手做做看。他开始考虑到了用阿基德发现的"杠杆原理"和"浮力原理"来正确地揭开王冠之谜的方法。

各位读者，你们是怎样想的呢？要既不损坏王冠，又不把王冠、金块、银块等放进水里来测量排出的水的体积，而查出百分之几的金子被换成银子，这是不是可能呢？认为能找这样一种方法的人，最好自己先好好地思考一番。

年轻的伽利略最后总算想出了这种方法，并把他的这个想法写成一篇短文，题目叫《小秤》。这是伽利略有生以来第一次写的论文。伽利略的《小秤》虽然很简单，但它是以阿基米德所发现的"杠杆原理"和"浮力原理"为基础的。因此，要想正确地理解《小秤》的内容，除了需要知道"杠杆原理"以外，还必须懂得"浮力原理"。伽利略在写那篇论文时，为了让那些不知道"浮力原理"的人能看懂，就先对"浮力原理"作了解释说明。读者在学了"浮力原理"之后，就能清楚地知道年轻的伽利略为什么会那样迷上阿基米德。

移民太空岛

李俊杰

人们对 21 世纪的科学发展充满着美好的憧憬，其中之一就是移民太空。

首先提出这项设想的是日本科学家，他们以地球为蓝本，设计了一个直径 500 米的空心巨球——太空岛。这个空心球的内壁有住宅、树林、河流和形形色色的娱乐场所等。将这座太空岛以发射人造卫星的方式放入宇宙，它每分钟自转 2 周，在赤道处产生几乎与地球引力相同的离心力。人如果生活在这样一个太空岛上，大部分感觉与地球上相似，但也有不同的地方。太空岛的离心力会随纬度的增大而减小。到了两极，人将处于失重的状态。设计人员根据太空岛不同的纬度情况，别出心裁地安装了各种高科技设施，以消除失重造成的对人体的不适。

太空岛的气候能任意调节，在这个"岛"上的 200 米高处的管子可根据需要降雨。

这个试验性的小型太空岛只能容纳 1 万居民，一旦试验成功，下一步的计划可就庞大了。那就是计划在 2020 年放入太空的巨型太空岛，它能容纳几百万居民。它的形状像个圆筒，直径 6.5 千米，长 2 千米。这个圆筒太空岛每 2 分钟自转一周，其内壁应有尽有，几乎地球上有的东西它一应俱全。

未来的太空岛是一个封闭的玻璃圆筒，里面的气候（气压、气温、空气成分）与地球上相似，但没有四季变化，每时每刻都温暖如春。如果需要的话，人们能通过人工自动控制装置，把降雨装置内放出来的雨水变成纷飞的瑞雪。

太空岛上的生活与地球上大相径庭。太空岛里有路，但是没有任何种类的车辆。充分利用失重的特点来为人类服务，这是太空岛不同于地球的一个特征。例如，在纬度75°处建造一个芭蕾舞剧场，舞蹈演员便可轻松自如地跳到6米高，然后轻轻地飘落下来，就像是神话片中的仙女跳舞那样，使优雅的芭蕾舞姿更为迷人。在高纬度地区还可以建造一系列的医院和疗养院，使那些腿脚不方便的人，在重力减少的情况下轻松地随意行走。

当然，在太空岛中生活也有使人感到不便的地方。如果你在太空岛的两极用在地球上写字的姿势来写字，那么你的整个身体就会被笔尖支撑起来，就像是在舞台上耍杂技的演员一样，即使是稍用些力在纸上划上个问号，人也会被转到另一个角度。好在在未来的太空岛上人们交流主要是靠电视电话和网络，写字只不过是找寻生活中的一种乐趣而已。

如果太空岛居民想去相邻的太空岛串门的话，就得穿上现在太空人穿的能飘出太空站、在太空行走的那种特制的太空服，目前这套服装的价格为40万美元、但大量生产后价格会大幅度下降。

吃是太空岛里的一件大事，现在宇航员吃的是像牙膏那样的胶状物，等到太空岛建成后，食物就要多样化了。总的一个原则是这些食品必须做到含有营养和高热能，并且不易变质，在24℃下能至少保存400个小时。太空岛食品必须重量轻、体积小，在吃的时候不会产生碎屑，以免碎屑在半空中到处乱飞，污染太空。

衰老和死亡仍是太空岛上的居民无法逃脱的自然规律，如果太空岛上的居民一旦逝世，根据本人的意愿，可以地葬或天葬。所谓地葬就是送回地球去安葬，所谓天葬即太空葬，也就是把去世者的骨灰制成不到20克重的"精灰"，装入一个钛制的圆形小瓶，然后将几十个这样的小瓶，安放在一个反射力很强的宇宙飞行器里，这样就建立了一座太空飞行陵墓。这座陵墓发射到离太空岛几千千米外的圆形轨道上，昼夜不停地绕着太空岛运行。

至于太空岛的地理位置选择，则必须在地球和月球对太空岛引力相等的

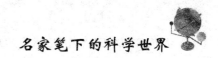

地方、这样太空岛才不至于飘走。

　　科学家预言，到了 2080 年，将有 10 亿人移居到太空岛生活。届时，这批人将成为名副其实的"外星人"，而地球与太空岛之间的交通往来也将成为地球上"客运量"最多的一条交通线。

过去和未来的行星车

戴铭珏

最早的外星球探测，只是发射一些探测器，这些探测器发射出去之后，往往无法控制，于是，它们只能跟需要探测的星球擦身而过，与此同时拍几张照片发回地球。后来，探测器的行为受到控制，科学家可以让它们进入到需探测的星球的轨道，它们在围绕着星球飞行的过程中，居高临下对星球表面拍摄一些照片，这种方式获得的信息十分有限。为了进一步获得更有价值的信息，科学家发明了登陆星球装置，这个装置上安装了一系列探测火星的设备，底部有轮子，所以又叫行星车。这种星球探测车最早出现在月球探测中，所以又往往称之为月球车。

最早的月球车

1970 年 11 月 17 日，航天史上的第一辆月球车搭载前苏联"月球"17 号探测器登陆月球。这是一款无人驾驶型月球车，长 2.2 米，宽 1.6 米，重 756公斤，由轮式底盘和仪器舱组成，用太阳能电池板和蓄电池联合供电，这就是"月球车一号"。它有八个轮子，直径是 51 厘米，通过电动机驱动和使用电磁继电器制动。仪器舱内除了安置遥测系统和电视摄像系统以外。还装有一枚同位素热源，这样可以使之保持温度。"月球车 1 号"总共行驶了 10540 米，考察了 8 万平方米范围的月面，拍摄照片超过 2 万张，在行车线的 500 个点上对月壤进行了物理力学特性分析，并对 25 个点的月壤进行了化学分析。此外，它还收集了大量月面辐射数据。

它的寿命达到了十个月，直到它所携带的核能耗尽为止。这比原计划的90 天长了许多。"月球车 1 号"的成功，让美国人深受鼓舞，于是，在他们的月球探测中，也出现了月球车。1971年7月26日，"阿波罗"15号飞船把美国第一辆月球车送上了月球，与"月球车1号"不同的是，这是一款有人驾驶型月球车。名字叫做"巡行者1号"，这个月球车长3米，宽1.8米，重209公斤。它是一个双座四轮的自动行走装置，以电池为动力，最高时速可达16公里。宇航员坐在里面驾驶着它在月球表面巡游，在27.9公里的旅程中，他们以车代步，爬越障碍，翻越沟壑，对山脉、峡谷和火山口进行考察，并把激动人心的彩色图像传回地面。随后，美国又有多辆月球车登陆月球。

最早的火星车

月球车的这种探测技术给未来的火星探测者们很大的启发，所以后来的火星探测也使用了这种星球探测车。1996年，俄罗斯准备发射"火星96"探测器，这个探测器十分引人注目，其原因是它携带了一个火星车，这是在火星探测历史上，首次出现的火星车。火星车那宽大的轮子外侧像一个圆柱体，内侧却像一个圆锥体，这使它可以在沙地行走而不下陷。这种火星车有六个轮子，分别安装在三个轴上，每根轴上有两个轮子和一台独立的驱动发动机，各个轴之间都有平衡支架相连，这种平衡支架可以绕中轴转动，使得每对轮子都可以相对于其他轮子自由转动。

"火星96"漫游车碰到一般的石头，轮子可以自动抬起；遇到无法越过的障碍物，还会绕道而行；遇到陡峭的悬崖前轮会下滑，制动装置能够根据前轮与其他轮子的相互位置发出停车信号，然后掉转方向。火星车的工作能量来自于放射性同位素热电发电机，它不仅用来保证与地球指挥中心的无线电联系，而且还要保障有关仪器在夜间的供暖需要。

1996年11月16日夜，"火星96"探测器顺利升空，但是它的第四级助推火箭只喷射了20秒钟就停止了。两小时后，它与地面的联系中断，一切努力都不能挽回这次发射的失败，"火星96"在一片惋惜声中坠毁在澳大利亚，第一个火星车也随着探测器一起灰飞烟灭。

第一个真正意义上的火星车却是美国人制造的，这就是美国的"索杰纳"，它被"火星探路者"带到了火星。着陆前10秒钟，飞船上面的数十个气囊一齐膨胀起来，距离地面 30 米时，减速火箭点火，着陆器进一步减速。这些气囊在地面弹跳十几下后，终于降落在阿瑞斯平原。气囊袋散气后，三块近似三角形的面板沿着着陆器边缘缓缓打开，此刻，对于这个火星车来说，要想走出着陆器，还是十分的困难，着陆器基座边缘有斜板，"索杰纳"本来可以沿着斜板行驶到火星陆地，但是斜板被未排净气体的气囊袋挡住，致使"索杰纳"被困在着陆器上。这时，地球上的指挥中心对装置发出一系列指令，气囊袋才完全排除气体，"索杰纳"终于踏上火星表面。

"索杰纳"如同一台微波炉，重量为 10 公斤。上层是太阳能电池板，供给所需的能量。它的主要使命是分析火星岩石和土壤的化学组成，它携带着一台阿尔法－质子－X 射线光谱仪，其中含有放射性元素，可用阿尔法粒子和质子轰击目标，从而得知目标的化学元素组成。其前部有两台黑白照相机，后部有一台彩色照相机。

"索杰纳"可以把拍摄到的照片转化成电信号，但它还不能直接把这些信号传递给地球，它需要把信号传递给与它一同来到火星表面的着陆器上，再由着陆器传回地面控制中心。它本身的各种动作也是由地球人员控制，两者之间信号传递单程有 11 分钟的滞后，当火星上的阿瑞斯平原转到另一面时，二者就无法通讯。火星车发回地面许多珍贵照片，虽然"索杰纳"的活动范围只有 500 米，但是，它是第一个真正降落在火星上的火星车。

勇气号和"机遇号"双兄弟

在探测火星的历史上，第二次来到火星的火星车却是一对双兄弟。2004 年 1 月 3 日，这一天，美国国家航空航天局的"勇气号"火星车成功登陆火星，开始了探测红色星球的征程。1 月 24 日，"机遇号"也成功着陆这个红色的星球，它们能够铲起泥土，开凿岩石并检查样本，不断向地面控制人员发回火星岩石、土壤和大气的信息并拍摄大量图片。这两辆无人驾驶的火星车把得到的数据发回地球后，由位于加州帕萨迪纳的喷气推进实验室的科学家进行分析。

"勇气号"和"机遇号"不仅拍摄了大量火星的立体图片和彩色全景图，

还发回了许多重要的科学数据，最关键的是，它们都发现了火星上曾存在液态水并支持生命存在的证据。在漫步火星的日子里，它们经受住了火星漫天沙尘的冬季，经受住了考验。一年半的时间就要过去了，但是"勇气号"和"机遇号"的工作状态都还相当不错，直到今天，这对火星车依然在完好的工作着。它们两个是外星球探测历史上最成功的一次探测，可以肯定地说，对于一次着陆的火星探测行为，它的成功与否，完全依赖于探测车性能的好坏。

下一代的行星探测车

下一代的火星车已经出现了，它是 2009 年火星探测的主角，与往常不同的是，这个火星车的个头很大。因为未来的火星车所肩负的任务比今天要多得多。这个火星车名字叫做"火星科学实验室"。"勇气号"和"机遇号"探测器的重量大约是 180 公斤，而"火星科学实验室"的总重量则可达到 900 公斤。不仅重量比它们大了 5 倍，而且有效负载将是它们的 10 倍。"火星科学实验室"的设计寿命也大大超过原来的火星车，它的设计寿命为两个火星年。既然个头很大，它的轮子也很大，它可以比较容易地操控自己在火星上漫游，同时漫游的距离也更远，几乎可以在所有的火星地形中行动。

这个火星车最大的特点就是它不再使用气囊着陆，而是通过一种巨型起重机着陆，空中起重机有两个"悬臂支架"。每个"悬臂支架"安装一套重 700 磅的喷气火箭发动机。当着陆器进入到火星大气层之后，首先打开降落伞，着陆器火箭开始逆向喷射，使得起重机缓慢下降。通过降低发动机推动力，巨型起重机就会缓缓地落向火星表面。在电子导航设备的引导下，"火星科学实验室"就可以开到科学家感兴趣的地方工作了。它那高大的轮子可以使它拥有很快的速度，不再像现有的火星车那样行动迟缓。

蝎子行星车

在研制火星车的时候，人们最关心的是它对地形的适应性如何，宽大的轮子虽然可以在松软的土地上行驶，但是，在地形更加复杂的地方，它就会

MING JIA BI XIA DE KE XUE SHI JIE

显得力不从心，它要是不慎掉到了一个坑里，可能很久也爬不出来，或者摔倒。那样它可能会永远也无法工作了。节肢动物的特性给了科学家很大的启发，于是，一种蝎子机器人应运而生。既然没有轮子，也就不能再称之为车了，但是，它跟一般的行星探测车起到的作用基本一致。它有八条腿，这让它可以在几乎所有的地形中行动，尤其是在一些山崖上，行星车对那样的地形是无能为力的，但是，这种蝎子就可以大显身手，它能够轻松地到达这样的区域，观察那里的地貌情况，并且获取所需的标本。它可以执行很多复杂的任务，在地球上，也可以大显身手，比如利用其进行探矿或者在碎石头堆里寻找地震的幸存者等，所以，它的利用前景非常广泛。

但是，这种灵活性必然要付出其他的代价，比如，它的体型不大，携带的电池有限，而且也不能使用太阳能光板。当电池将要耗尽的时候，它必须返回去充电。

师从自然的行星车

工程师们发明了很多有用的东西，但是，当一种新发明出现在大家眼前的时候，人们往往意识到，人类并不聪明，大自然早在几万年前，就已经制造出来了这种机械。于是，人们开始了向大自然学习，中国的月球车模型中就出现了这种设计思想，样子类似于一种叫做"车前草"的植物。这种车前草机器人样子实在有点怪，它有四组轮子，这四组轮子也是它最大的特色，因为它们可以保证探测车在原地随意转弯，不需要有拐弯的空间。它的车身也很特别，类似于三片树叶，这使它不会轻易跌倒。在树叶状的中心，伸展出来一根高高的桅杆，看起来真像是车前草植物伸出的花蕊。但是，这却是

一个智能头，是负责通讯使用的无线电接受天线。它还有六只眼睛，那是各种功能的摄像头。

在美国宇航局的火星车设计理念中，也出现了一种叫做"风滚草"的火星车。"风滚草"就像一个圆球。它的内部，装

载着多种天文探测仪器。在火星上约每秒 20 米的风力吹动下，这个直径 6 米的探测器能够以每秒 10 米的速度前进，当风向改变的时候，它会暂时停止移动，释放出一部分气体；当它准备重新启动时，气球又会重新充气，然后再向前滚动。在沙漠里的实验证明，它可以翻越高度为 1.5 米的障碍物，在 25 度的陡坡上也可以前进。这种"风滚草"是行星探测车家族的成员之一。所有的外星探测车都是一种机器人，它们需要自己携带能量，或者用太阳能，"索杰纳"只能在附近几百米的地方徘徊，即使是最新的火星车，也只能在 200 公里内的范围内活动，远远谈不上漫游。但是"风滚草"就彻底解决了这个问题，它的探测范围可以覆盖整个星球表面。

虽然"风滚草"这个方案设计新颖，也有种种好处，但它随风而走，运行路线完全要听从风的摆布，无法控制方向是它的最大弱点；同时，如何把探测仪器安装在它的上面也是一个难题，即使把仪器安装好了，它不停翻滚拍出来的镜头也一定是天旋地转，不经处理没法看，因此它还没有真正派上用场。

机器组群

在 2004 年的年初，欧空局也派出了自己的火星探测器，这个探测器携带着一个叫做"小猎犬 1 号"的机器人，但是，这个机器人却在着陆的过程中失踪了，这给一种新的理论提供了很好的理由，于是，人们开始设想有一种外星探测车，具体地说，它不是一辆车，而是一个自动探测集群，它们相互之间可以交流通信协调工作。这种"机器人舰队"并没有中央指令系统，却能自如地在各种地形上整体推进，他们既可以共同完成一个任务，又可以分开来分别执行不同的工作，即使是一个毁坏了，其他成员还可以执行任务。不论是外星探测，还是地球上的勘探，这种设计思想渐渐占据了重要地位。目前，中国正在研制的月球车就出现了这种设计理念。

中科院沈阳自动化研究所研制出了一种月球车，其实它们是一组机器人，它的学名叫"可重构星球探测机器人"，这是由好几个部件组成的，这些部件既可以独立运动、跨越障碍，还能"站起来"抓取物品，完成搬运、采样、

测绘等作业。最关键的，这几个机器人能变形，就像是动画片中的变形金刚那样，收到指令后组合在一起，就成了"轮子"。在未来的星球车中，它们的角色是子机器人，在与主机器人会合后，它们的机械手能牢牢地抓住主机器人，互相组合成为一辆星球探测车。

未来的行星探测车应该有通用性，它不仅仅只适合于火星，也不仅仅只适合月球。新一代行星探测车应该能够为人们找到登陆的最佳地点，并且把科学仪器放置到指定的地点，它们还必须要有较高的局部自主能力，包括局部导航，调整自己的资源配备等能力。实际上，每一个行星探测车都相当于一个机器人。

随着"机遇号"和"勇气号"在火星上创造出来的奇迹，随着新一轮月球探测热的掀起，可以预言的是，新一轮的外星探测车的研制也将会越来越热，在这个研制的浪潮中，科学家们会利用各种不同的设计理念，制造出来各种新型探测车，让它们在各个自然条件不同的星球上工作。外星探测车的研制历史，不仅是一部机器人研制的历史，也是一部航天技术发展的历史。

天文学家如何为太阳系外行星拍照

谢 培

　　"浩渺的宇宙中是否有类似地球的行星存在?"、"太阳系是独一无二的吗?"、"其他行星系统上是否有生命存在?"这些问题千百年来一直牵动着人们渴望探索的心,也成为科幻小说钟爱的题材。现在人类在宇宙探秘的道路上又迈进了一步,借助高科技的空间红外望远镜,德国天文学家第一次捕捉到太阳系外行星的图像,直接证明了太阳系外有行星围绕类太阳恒星运行的推测。

　　借助"斯皮策"空间红外望远镜,德国研究人员拍摄到了一颗围绕"GQ卢皮"恒星运转的行星的红外图像,使人类有史以来第一次真正"看"到太阳系外的行星。中国科学院国家天文台李竞研究员评价说:"这表明科技的进步使人类在探索外太空生命的旅程中又迈进了一步,空间红外望远镜为人类探索外太空、寻找天外生命又增添了一种行之有效的手段。"

　　由于恒星发出的光比围绕其运行的行星所反射的光要亮许多倍,因此,太阳系外的行星很难被直接观测到,更不要说为它们"拍照"。李竞研究员打了一个很有趣的比方,他说:"如果把木星比做1瓦的电灯泡,那么太阳则是一个功率2.5亿瓦的'超强电灯泡',在太阳光芒面前木星就'黯然失色'。"天文学家从200多年前就已经确知不可能从地表研究太阳系外的行星,但他们相信,在宇宙中我们太阳系绝非"孤家寡人",一定还存在与太阳系的环境类似的星系,但是苦于找不到科学证据来证明。

　　1992年,高分辨率分光技术的出现使这成为可能。李竞研究员解释说,如果一颗恒星周围有行星存在,恒星会因为行星的影响而摆动。恒星摆动的量级是米级的。之前的分光技术只能将天体运动速度测量到公里级,而高分

辨率分光技术则能把天体运动速度测量到米/秒。借助这一技术，13 年来科学家共发现了 150 多个类似太阳系这样的星系，证明了这种星系是宇宙中的普遍现象。然而，美中不足的是高分辨率分光技术只能通过光谱测量出行星的存在，科学家不能真正"看"到行星。

空间红外望远镜则可以在这方面"大显身手"。众所周知，行星本身不会发光，它们只反射照在它们身上的光。然而，行星不仅仅能反射可见光而且能反射红外光，另外行星由于具有一定温度还可以自己发出红外光。红外频段的电磁辐射携带的远距离天体相关信息比可见光还要多。这样，科学家就能通过捕捉它们发出的红外辐射来寻觅行星的踪迹。通过"斯皮策"空间红外望远镜天文学家发现除"GQ 卢皮"恒星的红外辐射外，还有一个红外辐射源在围绕该恒星转动，他们根据辐射量计算出这是一个行星级星体，并为它拍摄下红外图像，使人们第一次能真正"看"到太阳系外行星的图像。"斯皮策"红外望远镜为人类研究距离地球数百光年之遥的行星温度、大气和运转情况提供了一种功能强大的新工具。

载人航天器的"避火衣"

唐承革

载人航天器返回地球大气层的时候，基本没有机动性，完全是一种自由落体运动，这样的速度是极快的。为了让它的速度慢下来，需要用到降落伞来减速，减速的目的是要避免它跟大气层的剧烈摩擦，因为这种摩擦产生的高温是任何物体都承受不了的，它高到1700多度，有时甚至达到3000多度。这样的高温将会使物体烧蚀掉，就像流星那样，最后烧蚀的不剩一点物质。但是，航天器是要完好地降落到地面上，绝对不允许这样的高温。因为航天器的里面有着珍贵的实验仪器和设备，更重要的是宇航员的生命需要受到保障。

为了抵御返回大气层时所产生的高温，顺利地返回地面，载人航天器需要有高超的隔热能力，这就要求科学家给它穿上一件"避火衣"。对于载人航天器来说，依据返回的方式不同，它所穿的"避火衣"也有着不同的形式。

一次性飞船的"避火衣"

飞船作为载人航天器，是一次性的，它使用一次后基本就不能使用了，比如中国的神舟飞船和俄罗斯的联盟飞船都是一次性的。

既然是一次性使用，对于"避火衣"的要求不是那么高，这种"避火衣"是一种瞬间耐高温材料，它只能在短时间内起到作用，也就是返回地球的短短十几分钟内。

这种"避火衣"的材料是一种特殊纤维材料，或者是多孔颗粒物资再加上有机物，它们具有良好的导热功能。在具体使用的时候，飞船的各个部分使用的厚度是不同的，它经过了精心的设计和计算。

当飞船重返大气层的时候，剧烈的高温将会使这层隔热材料发生奇妙的变化，它们首先会燃烧起来，变成气体，这样就吸收了大量的热量，变成气体之后它们还会蒸发掉，蒸发的过程又带走了一些热量。

另一方面，这些隔热材料在燃烧完毕之后，剩下的是碳化层，它们往往具有很多的孔洞，这些孔洞也有一个好处，它们加大了飞船的表面积，这种表面积的增大让飞船的底部有更多的面积与大气层接触，有利于传导热量，让它所受到的热量可以更好地向周边扩散。

"避火衣"完全燃烧之后就只剩这些孔洞，飞船的底部一团漆黑可以证明"避火衣"牺牲自己，换来了飞船的安全。尽管飞船的内部设施良好，但是为了安全起见，飞船完成这次使命之后就不再使用了。

航天飞机的"避火衣"

与飞船不一样，航天飞机需要重复使用，对隔热性能就提出了更高的要求，所以它的"避火衣"也就更高明。

飞船在返回地面的时候，尽量采用大头朝下的方式，航天飞机在返回地面的时候，也与此类似，它在进入大气层的时候，不是一下子头朝下扎下来，而是尽量多地与大气层接触，这样也有利于热量传导到飞机。

但这个措施还是远远不够的，它还要穿上"避火衣"。航天飞机的"避火衣"跟一次性使用飞船比起来要复杂得多，但是听起来似乎不可思议，航天飞机的"避火衣"竟然是陶瓷制作的。当然这不是我们生活中经常使用的陶瓷，这种陶瓷是古老的技术和现代技术相结合的产物，它是一种新型复合陶瓷，这种新型复合高温陶瓷主要由两部分组成，外层是高辐射陶瓷材料，而内部是导热系数非常低的耐高温陶瓷纤维，它们合在一起有三厘米的厚度，像一片片的瓦那样贴在机身上面，这就是航天飞机的"避火衣"。

防热瓦也有自我牺牲精神，它把热量全部吸收了，而不传给防热瓦下面的金属机身，虽然外面的温度可以接近两千度，但是飞机的内部基本上没有什么变化。但是防热瓦本身却被损害，变得面目全非，。所以，对航天飞机来说，虽然它本身不是一次性的，但它的"避火衣"是一次性的。当它从太空回到地面以后，地面维护人员就要把贴在它身上的防热瓦一块块地揭掉，然后换上新的防热瓦，等候着下一次出征。

新的研究课题

在发展航天技术的早期，为了解决飞船的防热问题，采用了一种较为简单的办法，尽量多地吸收热量，它们一般具有很高的吸热能力，在这层材料的下面，采用隔热系统，以阻止热量向飞船的内部扩散。但是，这样的"避火衣"重量很大，使飞船在发射的时候白白地耗费了很多的能量，现在这种方式已经基本不适用了。

低导热多孔复合材料也仅仅是装备一次性飞船，航天技术要想发展，必须要使用可以重复使用的飞船，就像航天飞机那样。但是，航天飞机的"避火衣"至今还存在着很多的缺陷，比如，它的防热瓦贴在航天飞机的外部，并不是很牢固的，有时候也会脱落，因为防热瓦的脱落，曾导致过航天飞机两次重大的灾难。

正因为如此，美国航天局正在考虑是否可以把陶瓷防热瓦外面的一层改作成金属的，这是一种耐高温合金，这样就可以大大增加"避火衣"的抗撞击能力。目前俄罗斯正在研制一种快速帆船，它跟航天飞机一样，是一种可以重复使用的航天器。它穿的将会是暴风雪航天飞机的"避火衣"，但是，暴风雪航天飞机的"避火衣"是没有经过时间考验的，所以，快速帆船的"避火衣"效果如何，也是一个未知数。

载人航天技术的发展，在很大程度上，依赖于"避火衣"的研制，一般来说，未来载人航天器的"避火衣"将会逐渐减轻自身

的体重，每减少一公斤，就可以使推动火箭的推力减少 500 公斤，如果现代的"避火衣"能够减少重量的 15%，那么可以使航天器的上升高度提高 10%。这也给材料科学家们提出了一个难题，目前，他们正在想办法克服困难，希望在新材料的研制中有所突破，为载人航天器制作出来更加轻，更加耐热的"避火衣"。

超声诊断技术在航天飞行中的应用

国际空间站的航天员们距地球上最近医院的垂直距离大约是 250 英里。现在美国政府正在讨论派遣航天员前往火星，那么这个距离就更远了，据估计大约是 3500 万英里。所以，如果有人在火星上生病或受伤怎么办？飞船上的医生会治疗一些病，但他们不是医治百病的专家。何况，在制订治疗方案前，最重要的是对疾病做出准确的诊断。在飞船或其他星球上有仪器可以进行诊断吗？有专业的人员可以操作这些仪器和做出正确的诊断吗？为了保证航天员的飞行中健康，在今后的长期飞行中必须解决这个问题。

美国宇航局的工程师和飞行外科医生建议，用一台超声诊断仪来解决这个问题。它具备双重功能，既能作为科学研究用，又能作为航天员身体检查的医疗设备。

超声诊断仪是一种孕妇在怀孕期间为了保证腹中胎儿健康而需要多次使用的仪器。既然它能诊断出胎儿在母亲腹中的健康状态，也应该可以对航天员身体检查起作用。这种联想使人们提出了将其应用范围扩大到太空中的计划。美国宇航局（NASA）提出通过安排地面上的一名专业放射学专家来指导太空中的航天员使用超声诊断仪的方法，对飞行中的航天员进行身体检查。

这项计划的负责人是底特律亨利·福特医院的外科医生斯科特·德尔恰夫斯基教授，他认为要实现这个计划还有很多工作要做。要熟练地操纵一台超声检诊仪并对测试结果做出正确的诊断并不是一件容易的事。在地面上，训练一个人掌握这项技术大约需要 500 小时的时间。

德尔恰夫斯基说要能够准确地控制超声仪的探头是很困难的。特别是在太空中，器官的大小和它们在体内的位置与在地面时都发生了变化。对于超声诊断技术来说，即使器官出现毫米范围内的变化，要用探头去寻找到准确的位置也很困难。一名放射学家要花费几年的时间才能准确地掌握解释黑白、带阴影的超声图。德尔恰夫斯基和美国宇航局的工程师于是提出了在国际空间站和地面基地之间建立视频通讯，由专家来指导航天员进行超声诊断仪操作的想法。

香农·麦尔登是一名生物医学工程师，她是维尔实验室的超声课题负责人。麦尔登说要实现此计划的方法是在太空和地面架起一个航天员－内科医生沟通的连续视频连线，这些医生可以给航天员发出应该在哪里安放超声探头以获得清晰图片的指令。航天员在太空也可通过看人体结构图来安放探测器。按照麦尔登的说法，放射学家在看航天员发回的超声图时就好像在放"家庭录像带的拷贝"。

空间站与地面之间的联系有两秒钟的滞后。航天员和放射学家在进行联系时使用一个 TiVo 装置，这是一种利用硬驱动使图片暂停的装置。空间站和地面基地进行有效实时通讯的时间只占 60%。

麦尔顿参与这个项目的工作时间大约有 5 年了，他说航天员进行这个项目训练的时间只有 4－6 个小时，其中包括教室和实战训练。她说尽管这项技术还没有用于太空中对医疗紧急情况的处理，但美国宇航局已经完成了整个过程的检测，并在国际空间站上进行了实验。在国际空间站第 9 宇航组中，第一次进行了太空超声诊断技术应用的实验。两名航天员在地面专家的指导下，成功地向地面发回了清晰的肩部肌肉结构图像。证明了只受过最少时间训练的航天员可以掌握超声诊断仪的操作。目前正在太空中飞行的第 10 宇航组继续进行超声实验，并增加了超声探测的部位，他们将对航天员的腹部、牙齿和骨骼进行超声扫描。

NASA 的这项研究计划有益于保证太空飞行中航天员的健康，而且拓展了地面的远程诊断治疗技术。例如在发生重大事故时，通过这种方法可以由远处的专家指导事故现场的工作人员对伤员进行诊断治疗。在美国威奇托市的弗朗西斯医院已经开始了这项工作，他们在飞往事故发生地的直升机乘务员中训练护理人员。这家医院正在计划使用一种通信手段与医院中的医务专家建立起联系，使外科医生可以随时指导护理人员。又如，在进行体育比赛时，容易出现运动员受伤的情况，在运动现场配备超声诊断仪和经过短期训练的工作人员，及时对运动员受伤情况作出诊断，对保证运动员健康是十分有利的。美国底特律的一个曲棍球队的更衣室内就安装了一台超声诊断仪器，经过短期培训和专家的远程指导，球队的一名教练已经可以使用这台设备来拍摄运动员肩部和其他受伤部位的超声图。该球队正在考虑在下一个赛季使用它。史密斯说："如果没有来自国际空间站上的需求刺激的话，可能永远不会做那些尝试。"

动物对人类挑战太空活动的启迪

王四辈

身负重任的小动物

1951年9月的一天，美国"空蜂"号火箭按捺不住焦急的心情倚立在发射架上，似乎又有些兴奋地等待着什么"客人"的来临。它悄悄地四处观望，蓦地，惊讶地看到，科技人员牵着一只机灵的猴子、抱着装有11只小鼠的笼匣，朝它走来。难道让我载送的"贵客"就是这些小东西吗？

猴子和小鼠依照设计要求分别被安置载舱内特制的"座位"上，它们活泼而疑惑地东张西望，猜测不出自己要进行什么样的旅行，因为它们感到这里的气氛有些异常。正当它们悄声窃语之时，"空蜂"号火箭按时点火踏上征程。火箭升入高空71千米后，按预订的程序成功的回收，小鼠和猴子安然归来，懵懵懂懂地又和主人见面了。很可惜，小猴子不知受到了什么惊吓还是发生了什么反应，着陆两个小时后就永远闭上了眼睛。

这是人类将地球生物载往太空的一次考察、试验。这种搭载小动物等用于生物学研究的火箭叫生物火箭。

生物火箭的任务是将试验生物送到高空，研究试验生物在火箭密封舱内对飞行的适应性和对飞行综合因素作用的承受能力，研究超重、失重、高空弹射、宇宙辐射等因素对生物机体主要生理机能的影响，以检验和鉴定科学家们对生物在太空活动时的安全和健康等诸多问题的推测和假设，从而为空间生物学研究和载人航天的生活舱及生命保障体系提供更为可靠、有效的设计依据。生物火箭的关键是密封生物舱，保证生物舱内有适宜于生物生存的良好环境条件。舱内压强为1个大气压，温度为15℃～25℃，舱内氧气浓度、二氧化碳浓度、相对温度接近地面大气的水平。

在第二次世界大战后，科学家就开始了空间生物学试验。1946～1949 年，美国先后发射了 8 次生物火箭，里面装有植物种子、细菌芽胚和果蝇等生物。1951 年 6 月，前苏联把两只小狗发射到 110 千米高空，并且安全返回地面。从 1949 年到 1958 年，前苏联一共将 42 只狗发射升空进行试验。1959 年 7 月，又将两只狗和一只兔子发射到 160 千米以上的高空，发射重量为 2000 克，创造了发射重量最高的纪录。所有这些小动物在发射到高空后，都对它们的脉搏、呼吸、动脉压等进行记录，还要做心电图，拍下它们的活动，以观察生物体在失重条件下的生理机能和行为反应有哪些异常因素变化。面对这些小动物的步步"高升"而又安全归来，科学家感慨地说：人类的航天活动在生物学、生理学上存在大量问题，用动物做试验可以避开人固有的主观感觉，可以有效地帮助人类解决太空生物学和医学方面面临的许多问题。

小动物身负重任，为人类天宇之旅所进行的先行探测功不可没。

中国首批"登天客"

1964 年 7 月 19 日，安徽广德县某地，艳阳高照，青山披彩。做了几千年飞天梦的炎黄子孙，今天，为开辟登天路，向茫茫天宇发起了新的挑战。

中国第一枚生物试验火箭英姿飒爽地矗立在 52 米高的发射架上。这枚火箭总长 10.81 米，起飞总重量为 1165 千克。随火箭升空的是四只大白鼠、四只小白鼠和 12 支生物试管。试管内分别装有果蝇、须酶及其他生物制品。8 只白鼠在陌生而神秘的生物舱里，捋须挠耳，相互探问：要把我们送往何方呀？

火箭呼啸升腾，刺入蓝天，渐渐地脱离人的视线。不久，一顶降落伞拽着回收舱飘飘摇摇徐徐降回地面。当科技人员从密封的生物舱中取出 8 只白鼠时，它们仍然是一副迷惘困惑的神色：怎么这么快又和他们见面了，难道还没有出发吗？它们哪里知道，在这不足一小时的时间里，它们飞上了 70 千米的高空，完成了一次神奇的旅行，从而荣幸地成为泱泱华夏第一批乘上火箭的"登天客"。而后，又用大白鼠做了两次飞空试验，依靠返回救生装置，大白鼠全部活着回到地面，遥控与摄影等数据获取系统工作完全正常，拍摄了大白鼠从超重过渡到失重状态的图片。在用大白鼠等进行高空试验取得一些实践经验后，为进一步扩大研究项目，我国在1966年7月，又用狗进行了飞行试验。第一个担此重任的是条雄狗，它的爱称叫"小豹"。这枚生物火箭的箭头部分是由箭头、生物舱和回收舱组成的。里面装有记录"小豹"在飞行过程中的心电、血压、呼吸和体温4大生理指标的磁记录器；装有"小豹"在飞行中姿态的摄影系统；生物保障系统中有自动供氧和自动调节二氧化碳浓度的装置。安放小狗的托盘前部设有条件反射装置，为使它"方便"，狗尾部还安有屎、尿收容器。

7月15日清晨，携带"小豹"的生物火箭在震彻山谷的轰鸣中直冲云际，地面的各种跟踪设备不断接收到火箭上传回的各种信息，数据表明，火箭飞行正常。

两架空军直升机早就接到命令，在回收区上空盘旋搜索，迎候"小豹"凯旋。飞机很快发现了目标，摄影机拍下了生物箭头乘着白色降落伞飘然而下的镜头。生物箭头以小于每秒10米的速度安全着陆。当科技人员小心翼翼启开生物舱的舱盖时，一眼看到"小豹"安然无恙地趴在托盘上，目光炯炯有神。取出托盘，松去"小豹"的飞行安全带，爱抚地把它抱在怀里。"小豹"欢快地摇晃着尾巴，似乎在向主人们娓娓述说这次遨游的美妙经历。

中国生物火箭所进行的多次高空飞行试验，为高空生物学研究和生物保障工程积累了宝贵的经验，为人类挑战太空获取了大量的第一手资料，为炎黄子孙飞往太空做了可贵的探索和基础准备工作。

飞入太空的"名犬"

科学家们使用生物火箭所进行的一系列生物学、医学等方面的研究活动，对人类安全地进入太空，已经做了大量的、卓有成效的"火力侦察"。但是，人类在太空可能遇到的许许多多的麻烦事，还需要更严谨、更实质、更有效的手段来探索、试验，以保证人类飞天活动万无一失。于是，生物卫星应运而生，肩负起比生物火箭更艰巨的任务。

生物卫星就是用于生物学研究的人造地球卫星，它相当于一个空间生物实验室，可研究失重、超重和其他各种飞行环境对生物生长、发育、代谢、遗传等方面的影响和防护措施，揭示在地面条件下发现不了的生物学问题，是研究空间生命科学的重要工具。生物卫星一般由服务舱和返回舱两部分组成。服务舱内有保证卫星正常工作的各种设备。返回舱内装有实验生物和生命保障体系、记录仪器、返回火箭等。按照一定的指令，服务舱与返回舱即可分离，返回舱点火使返回舱返回地球，而服务舱不返回。世界上第一颗生物卫星是前苏联1957年11月3日发射的"人造地球卫星2号"。卫星上载有一条名叫"莱伊卡"的雌性猎狗，它是真正意义上由地球进入太空的第一只动物，它在轨道上度过了极不平凡的6天6夜。缚在它身上的各种传感仪器测出的关于脉搏、呼吸和血压等指数，证实了科学家的推测，即失重本身没有引起动物生理机能的危险变化。经过各种传媒报道，"莱伊卡"一举成为享誉全球的"名犬"。然而，令人感到遗憾的是，由于当时还没有回收卫星的能力，人们只能忍着心酸眼巴巴地让挑战太空为人类立下大功的"莱伊卡"，孤零零地葬身在清冷的太空世界。"莱伊卡"的太空之行是成功的，更加坚定了人们对载人航天定能实现的信心。

1960年8月，前苏联又将小狗"别尔卡"和"斯特雷卡"送入太空，与他俩结伴而行的还有老鼠和苍蝇等生物。这时，科学家已经掌握了卫星回收的技术，两只小狗绕地球18圈，做了一番名副其实的太空旅行后，平平安安地返回了地球。

为进一步了解人在失重适应期所发生的变化，生物卫星还多次用猴子进行了实验。1987年，前苏联用"宇宙－1987"号生物卫星，让猴子"德雷姆"和"雅罗什"在太空潇洒地完成了13昼夜的飞行。这两只猴子在飞行前一年多就进行了精心严密的训练。要教会它俩像宇航员一样待在专门的容器内；要让它俩学会使用摄取食物和饮料的专门工具；要按照专门的计划程序完成一些规定的动作等。例如：当它俩面前的仪表盘上出现不同信号时，要按下不同作用的键盘等等，使它俩能准确无误地完成地面上规定的计划。这两只"孙悟空"没有辜负科学家的苦心培训，在飞行中显示出它们很好地掌握了操作技能，完成了使命。

猩猩当了"宇航员"

从获得的解剖生理数据来看，大猩猩更接近于人类。美国除对猴子等动物进行实验外，还对大猩猩进行训练，把它们发射到太空轨道。

美国科学家在为载人航天飞行做准备的时候，认为还需要试验在失重和超重的情况下人的反应时间。

什么叫反应时间？当你的手触摸到很冷或很热的水时，热或冷的信号从手上的神经会传到大脑，大脑作出判断，然后命令肌肉收缩把手抽回来，这个过程所需要的时间，就叫反应时间。研究结果表明，人的正常反应时间大约需要0.3秒钟。

什么叫失重？什么叫超重呢？

失重是物体在空间环境里有质量而不表现重量的一种状态，又称零重力。当你坐电梯时，在电梯突然迅速下降的时候，你就会体验到失重的滋味了。平常，身体上部分器官压在下面的器官上，下面的器官支撑着上面器官的压力。一旦这些压力没有了，就处于零重力状态，人就有一种"失去了重量"的感觉。进入失重环境，就有所不适应并引起一些生理上的变化。

当航天飞机、宇宙飞船的飞行加速度产生的惯性力和重力的合力大于重力时，宇航员就处于超重的状态。比如，人在电梯里，电梯突然迅速上升的时候，就有超重感觉。超重过大，会使人的两眼发黑，动弹不得，甚至失去知觉。这是因为人体里的血液不能正常循环。换句话说，超重就是物体沿远离地球中心的方向作加速运动时，重量加大的现象。

科学家教会一些猩猩面对荧光屏，当各种不同的闪光信号出现时，它就要拉动相应的手柄。有的猩猩学得很精，掌握得也较准，一分钟内能拉对100

次，这就是说，不到一秒钟就拉一次。1961年2月，一只叫做哈姆的猩猩，登上了"水星"号飞船进入空间，环绕地球作轨道飞行。哈姆在失重和超重的情况下，依旧按照闪现的信号拉动手柄，它的反应时间和它在地面上的记录，没有丝毫差别。科学家由此得出结论：失重和超重不会使反应时间显著减慢。而后，又有一只猩猩乘坐"水星"号飞船完成了3圈轨道飞行。

通过生物卫星搭载动物的多次实验获得的成果，使科学家能研究出有效、可靠的措施，排除空间因素对人体组织的不良效应，从而加速了人类直接飞往太空时代的到来。

立功的蝴蝶

蝴蝶，我们谁都见过，它翅膀阔大，颜色美丽，五彩缤纷，在花丛中翩翩起舞，千姿百态。

蝴蝶能反射阳光中的光波，形成五颜六色的色彩，展翅飞翔，绚丽多姿，所以人们又把蝴蝶比喻为会飞翔的"花朵"。蝴蝶为什么能够这般美化自己？原来它的羽翅上有许多排列整齐、细小的鳞片。鳞片不仅使它成为美丽会飞的"花朵"，而且能使它免受阳光的高热伤害。科学家们从蝴蝶翅膀上的鳞片受到了启迪，将蝴蝶鳞片反射的原理，用在了帮助人类飞天的技术上。

当人造卫星在轨道上运行时，在太阳直接照射、地球反射和地球辐射加热的作用下，卫星表面温度可高达100℃以上。当卫星处于地球阴影区不被太阳照射、地球反射及加热时，卫星表面温度可降低到零下100℃。在这种冷热剧烈交替变化状态下，卫星上的仪器、设备等不堪忍受，将无法正常工作。如何控制卫星体温的这种异常变化呢？是蝴蝶的鳞片使航天科学家茅塞顿开。

原来蝴蝶身体表面的鳞片可形成无数个光镜。当气温升高时，令其减少太阳光的照射，免受高温灼伤。当气温下降时，鳞片会紧紧贴在身体表面，让太阳光直射鳞片上从而吸收更多的太阳能，增加体温。科学家就是利用这个原理，制成一种巧妙而又灵敏的仿生装置。这种装置的外形如同百叶窗，每扇叶片两个表面的辐射散热功能相差甚远。百叶窗的转动部位装有一种对温度极为敏感的金属丝。利用金属丝热胀冷缩的物理性质，当卫星飞行在地球阳光面时，温度超过标准，金属丝就会受热而膨胀，使叶片纷纷张开，将辐射散热能力大的那个表面向着太空。当温度迅速下降时，也就是卫星飞行至地球阴面时，金属丝会遇冷而收缩每个叶片，使它们紧紧闭合，让辐射散热功能力小的那个表面暴露在太空中，抑止卫星散热。靠着这种自我保护装置，使得卫星遨游天宇时各种仪器、设备正常运转、工作。小小蝴蝶鳞片的启迪，为人类航天立了大功。

为了更好地开发和利用空间，人们将会在空间长期地工作和生活，空间生物实验也将向新的层次新的角度进展。动物是人类进行长期空间活动的好帮手，在某些方面，它们还要起到先行者的作用。

没有半导体，我们的生活会怎样？

王占国

一听到半导体这个名字，大部分人可能就会想到收音机，其实半导体的应用面很广，家电、通信、网络、工业制造、航空、航天和国防都离不了它。

从航空航天来讲，如果发射卫星的有效载荷为 1 吨，火箭发射的推力大约是 130 吨，所需的燃料就要 90 吨，半导体的发明和应用使航天器（包括火箭和卫星等）的重量大大减轻（如重 1 吨的卫星减重 100 千克，就将减少 13 吨推力，节省 9 吨昂贵的燃料），极大地推动了航天事业的发展。在国防上，半导体在歼击机、运输机和舰船等设备上也得到了广泛的应用。在坦克上如果安装了半导体激光测距仪，就可准确地测量出对方的坦克的距离，并对其发动精确攻击。当然，半导体的应用领域还有很多，比如病人身上安装的微型心脏起搏器就有半导体器件，它很小，可以直接埋在身体内；我们常用的电子血压计，也是用半导体做的；另外，医院用的 CT、核磁共振仪等都用到了半导体元器件和电路。所以，人们的生活和健康也离不开半导体。电视机、音响、电冰箱和手上戴的电子自动表等都要用到半导体芯片；我们用的手机里充满了半导体元器件和电路。近年来，清洁的太阳能开发受到极大重视，太阳能汽车、太阳能光伏发电等将会越来越广泛地得到应用。如果现在没有了半导体，我们的生活大概就要回到 20 世纪 50 年代时的情景。

"神舟"六号飞船发射

如今，半导体已广泛地应用于家电、光纤和移动通信、高速网络、汽车、工业制造、航空航天和国防等领域。2007 年全世界的半导体的市场为 2625 亿美元，2008 年达到 3017 亿美元。由它而带动的电子产品高达万亿美元，所以半导体不仅仅是我们收音机里的半导体，它确实在各个方面都得到了广泛的应用，给我们的生活带来了巨大的变化。

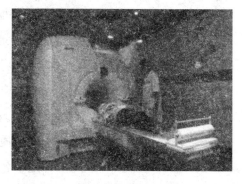

医用 CT 设备

什么是半导体材料？

我们知道，物质存在的形式是多种多样的，如固体、液体、气体、等离子体等。通常把导电、导热良好的金属如铜、铝、金、银等材料称为导体；把导电、传热性能差的固体材料，如陶瓷、玻璃、塑料等称为绝缘体。半导体实际上就是介于导体和绝缘体之间的材料，半导体的种类非常多。

半导体的发现实际上可以追溯到很久以前，1833 年英国巴拉迪最先发现硫化银的电阻随着温度的变化不同于金属。我们知道，金属的电阻是随温度的升高而增加的，但他发现硫化银材料的电阻是随着温度的上升而降低。这个现象是半导体特有的，也是第一次的发现。1839 年，法国的贝克莱尔发现半导体和电解质接触形成的结，在光照下会产生一个电压，这就是后来人们熟知的光生伏特效应，这是被发现的半导体的第二个特征。1874 年，德国的

手机

布劳恩观察到某些硫化物的电导与所加电场的方向有关，即它的电导有方向性，在两端加一个正向电压，它是导通的；如果把电压极性反过来，它就不导通，这就是半导体的整流效应，也是半导体所特有的第三种特性。同年，舒斯特又发现了铜与氧化铜的整流效应。

随后，1873 年，英国的史密斯发现硒晶体材料在光照下电导增加的光电导效应，这是半导体又一个特有的性质。半导体的这四个效应，虽在 1880 年以前就先后被发现了，但半导体这个名词大概到 1911 年才被考尼白格和维斯首次使用。半导体的这四个特性是贝尔实验室在 1947 年 12 月公布晶体管发明的会上首次提出的。为什么半导体被认可需要这么多年呢？主要原因是当时的材料不纯。如果材料不纯，电导随着温度的增高而增高，究竟是表面效应呢，还是其他一些原因？人们当时搞不清楚。今天家喻户晓的硅，集成电路的基础材料，直到 20 世纪的 40 年代才被确定为半导体。到现在人们仍把粗硅称为硅铁，认为硅是金属，实际上硅是最常用的半导体材料。

半导体、金属和绝缘体它们有什么不同？举一个简单的例子，就从导电能力的强弱来看，即电子能不能在物体里自由运动。在绝缘体的情况下，电子把两个能带都填满了，最上面的空带与其相邻的满带之间的禁带间隙又很大，在常温下，电子无法自由运动，需要很高的温度电子才能从满带跳到空带，在里面自由运动；对于金属，两个最临近的带，一个填满了电子，另外一个只填了一半，还有一半是空的，电子可在其中自由运动，这类材料被称为金属。且导电能力和两个近邻带间的距离没有多大关系。半导体是介于这两种材料之间的一类材料，从表面上看半导体与绝缘体没有什么不同，主要差别是空带和价带的间隙，半导体的禁带宽度比较小。如半导体硅，室温的禁带宽度约为 1.12 电子伏特（eV）；半导体锗还不到一个电子伏特，大约 0.7eV；在室温下，价带里一部分的电子被热激发跳到上面的导带，价带的空穴，导带的电子在电场作用下都会参与导电。

我刚刚讲的是不掺杂的本征半导体，就是电子和空穴同时参与导电的情况，实际上有电子导电的 N 型半导体、空穴导电的 P 型半导体，两者结合起来形成的 PN 结构成了今天微电子技术的基础。我们知道硅和锗都是Ⅳ族元素半导体，共价键结构。没有杂质的硅称作本正硅，它的导电温度比较高，大约一百多度时电子才能由价带激发到导带，这时才能导电。如果把一个Ⅴ族元素磷或砷掺到硅里边，磷和砷是五价的元素，它的外层有五个电子，除了四个电子跟硅配对外，还有一个电子是自由的，那么这个电子就可以在导带里边自由运动，这种电子导电的材料被称为N型半导体。相反的话，如果把Ⅲ族元素硼、镓或铝掺进去，由于外层只有三个电子，与硅结合，那外面就少一个电子，少一点电子就相当于有一个空洞或空穴存在。空穴也是能运动的，他的运动就相当于电子向相反方向的运动，我们称空穴导电的材料为P型半导体。

1956年，巴丁，布拉顿和肖克利被授予诺贝尔物理学奖。

有了这个N型半导体和P型半导体材料，我们就可以用来设计、制造各种各样的微电子器件和电路。1947年圣诞节的前夕，12月23日美国贝尔实验室的巴丁和布拉顿用锗晶体做了一个点接触的晶体管。他们将两个探针触在一块锗晶体材料上，形成一个PNP晶体管。在一边的发射极加一个正电压，发射空穴，在收集极加一个负电压来收集空穴。他们发现，在收集极收集到的电流得到了放大，为基极电流的十几倍，甚至更高。然后他们把它接在一个语音放大器里面，喇叭就响了起来。这一天就成为了晶体管正式发明的日子。

但这种靠金属探针压触的结构，压得紧了压

巴丁

布拉顿

肖克利

得松了都是不一样的，很不稳定；另外探针之间的距离不一样，放大也不同，因为电子走的距离不一样。不久，贝尔实验室的另一位叫做肖克利的科学家提出了一种结型晶体管结构。这个结构是在 P 型半导体材料两边分别加一层 P 型半导体材料，形成一个 NPN 结构。它的体积可以做得很小，这才是真正实用的晶体管结构，现在的大规模集成电路用的就是这种平面的晶体管结构。早期的矿石收音机用的是点接触的二极管，这已经成为历史。

晶体管发明以后，引起了什么样的社会反响呢？尽管到现在我们知道，离了半导体我们的生活是不可想象的。在这个 1947 年的圣诞节前夕，晶体管发明以后，贝尔实验室认为这个发明是非常重要的，他们并没有马上公开这个秘密，而是用了半年时间去写专利。直到 1948 年 6 月 30 日，才召开了新闻发布会，把当时相关的一些厂家和媒体请来，发布了晶体管发明的这个信息。但是这个信息发布以后，社会上反应比较冷淡，好像只在纽约时报的第四十多版上有一小段新闻提到贝尔实验室发明了一个晶体管。另外电子管的产业家、工程师去了，听了以后不以为然。这个原因现在看起来，很可能是如果晶体管真正能得到应用，电子管被淘汰掉，那他们就失掉了饭碗，所以那些企业家也不看好。

鉴于这个情况，1952 年 4 月贝尔实验室又举行了公听会，介绍了晶体管制造技术，而且入场券高达 2.5 万美元。开会以后的情况也并没有真正得到改变。由于当时参会的工程师都是研究真空管出身，他们对新出现的竞争者并不看好。但科学界对这一发明还是给与了充分地肯定，1956 年巴丁、布拉顿和肖克利三人被授予诺贝尔物理学奖。

直到 1955 年，几乎所有的晶体管都是由锗晶体做的。但锗是一个稀有元素，当时全世界的产量大约只有 6 千克，提纯后的价格比黄金要贵得多，所以用不起，而且提纯也比较困难。聪明的人们马上就想到了，锗是一个Ⅳ族元素，元素周期表里的碳、硅、锗、锡、铅都是Ⅳ族元素，人们马上就想到了碳和锗之间的硅。硅元素非常丰富，在地壳中的分布也很广。沙子就是二氧化硅，把沙子中的氧去掉就变成了硅。硅的带隙比锗大，锗是 0.7 个电子伏，工作温度在 100 度以下，硅工作温度可到 150～160 度，甚至可稍微再高一点，硅的带隙是 1.12 个电子伏特左右，比锗要高。

总之，由于硅带隙大，适合于室温工作，加之热导率高、强度高和天然的二氧化硅可作为绝缘介质等，很快就取代了锗，成为晶体管和集成电路的基础材料。现在电子器件和电路用的半导体材料的 90% 以上都是硅。Ⅲ－Ⅴ族和Ⅱ－Ⅵ族化合物半导体材料如砷化镓、磷化铟和氧化锌等都是直接带隙材料，具有很多优异性能，如工作温度高、抗辐射和发光效率高等，但是晶体生长及质量较难控制。所以人们除了发展硅以外，Ⅲ－Ⅴ族早在 20 世纪 60 年代初期人们就开始使用了。

半导体硅材料研究现状和发展趋势

前面简单地介绍了半导体的发展史，下面我就简单讨论对它们研究的现状和发展的趋势。首先讲硅，我们知道硅和锗都是间接带隙半导体材料，导带的极小值和价带的极大值在 K 空间不在同一个能量，导带电子与价带空穴复合时要靠声子帮助才能实现，发光效率很低，所以它不适宜用来制作发光器件。GaAs 和 InP 等Ⅲ－Ⅴ族半导体材料与硅不同，它们的导带的极小值和价带的极大值在 K 空间相同的能量处，属于直接带隙半导体材料，电子从导带可直接与价带的空穴复合发光，无需声子帮助，比硅发光效率要高出三个量级以上；它们适合于制作发光器件，像半导体发光管（LED）和激光器（LD）等。当然，这种材料也可以用来制作高速、高频微电子器件，但它的价格较贵。高质量的化合物半导体材料制备比较困难，特别是要做到正化学比（如 Ga 和 As 原子比为 1：1）更难，百万分之一的差别，就会导致大量的缺陷产生，影响器件性能。

硅晶体就不一样了，硅晶体材料可以做得非常好，不但杂质可控，而且可以做到无位错，被称为完美晶体。直拉法是制备硅晶体最常用的方法，首先将高纯的多晶硅放在由高纯二氧化硅制作的石英坩埚里，通过坩埚外围石墨加热器把它熔化成硅的熔体，然后从上面伸下一个硅籽晶与硅熔体接触，在建立一个合适的温度梯度后，籽晶杆再慢慢往上提升拉晶，直至坩埚里的熔体硅拉完为止。

现在，硅晶体越来越大，它的直径可做到 30 厘米，甚至 45 厘米，重可达数百千克，所以要用起重机来吊。如果在拉的过程中保持晶体的杂质含量一定的话，还需要在拉晶过程中加入硅多晶料。单晶炉是很复杂的，炉内既要保持真空，又要保证足够的高温，这样才能保证晶体的质量。一个 12 英寸（直径 30 厘米），长一米左右的硅晶体，大概有两三百千克。现在多数大规模集成电路生产线就用这种晶体制备晶片。一个 12 英寸的晶片可以做成很多个集成电路芯片，用于手机上、计算机和其他电子产品。现在大多数集成电路厂家已经使用 12 英寸直径的晶片，下一步有可能使用 18 英寸晶片，预计 21 世纪中期硅晶体直径可能达到 1 米，重量约 1 吨。总之，硅基微电子技术的发展依赖于硅材料的发展。

12 英寸硅单晶

2007 年我们国家多晶硅产量约 700 吨，2008 年就到了 4000 吨，在一年之间中国的多晶硅产量翻了两番。现在多晶硅的产量还在快速增长，似乎有点过热了。但是很遗憾的是国产的多晶硅还不能用来做集成电路。刚刚讲的 4000 多吨几乎都是用来做太阳能电池的，纯度约为 99.9999%，即杂质的含量为 1/100 万。真正要做集成电路的话，要到 99.99999999% 以上才适合做集成电路。我国多晶硅虽然发展很快，但它的纯度尚难与国际产品竞争。目前，我国集成电路厂家使用的硅片还要依赖进口。

集成电路在我们国家状况是什么样的呢？"文革"期间，是世界集成电路发展最快的时候，我们失掉了这个时机。我们的半导体所，从 1966 年就开始修固体楼。什么是固体楼呢？生产集成电路需要非常干净的环境，生产车间不能有尘土，如超净厂房根据需求有一万级、一千级、一百级和十级不等。万级即在一个立方米里边，只能含一万个小的颗粒，颗粒的大小根据集成电路的特征尺寸而定。因为当时没有超净条件，就建了一个固体楼。固体楼没有窗户，靠灯光照明，整个楼就像一个密闭的笼子，这样就防止灰尘从外面进入，但在"文革"10年期间，集成电路研究进展缓慢，远远落后于国际水平。这10年正是美国、日本和欧洲集成电路发展最快的时期，我们错过了。"文革"后的我国的集成电路产业是靠引进，引进一代再引进下一代，先进的技术是难以引进的，因此我国集成电路的发展一直非常被动。大概在10年以前，国家政策有所改变，在引进先进技术的同时，结合我国科研院校的科研能力，通过引进、吸收、改造与再创新使我国集成电路的发展走入了快车道。

再来看看现在我国的情况：从5英寸到12英寸的集成电路的芯片生产线有38条，12英寸的生产线（国际最高生产线）有5条，产能约每个月7万片；8英寸生产线11条，月产能约30万片；5英寸和6英寸的生产线有22条。以上生产线总的生产能力约占世界总产能的8%。主流技术，集成电路特征线宽为0.18微米和90纳米，最高水平为65纳米。北京的中芯国际（主流技术为65纳米）是一个合资的企业，已具有45纳米的研发能力。根据我国的《中长期科学与技术发展规划纲要》，"十一五"期间启动了02专项（极大规模集成电路的装备和工艺）。国家准备在2020年之前投入数百亿元，预计到2015年或稍晚一些，我国与国际先进水平基本同步。那时将有45纳米的工艺能力，甚至还会更小一点，比如30几纳米。到那时我国的集成电路可能基本上赶上国际水平，并与其同步发展。如果真这样的话，我国的微电子技术就进入国际先进水平。到2020年，我国的微电子技术有可能走在国际的前列。

刚才讲的就是硅的情况，硅的发展过程非常清楚，直径从2英寸，然后4英寸、6英寸、8英寸，12英寸、18英寸，再到27英寸，它是跳跃发展的，而不是1英寸、2英寸、3英寸和4英寸等亦步亦趋发展的。几十年来集成电路的发展一直遵守着"摩尔定律"，它是美国一个叫摩尔的人提出来的，按照这个定律，每隔18个月集成电路芯片里面的晶体管的数目翻一番，它的价格要相应地降一半，即集成电路的性能提高，价格下降。如何保证价格下降，就需要增大硅晶片的直径。同样一个工艺，直径8英寸和12英寸相比，12英寸晶片生产芯片的数目就会大大增加，从而保证了芯片的价格大幅度下降。

为了保证它的芯片的功能提高，价格降低，晶片的直径就要增大，直径增大投入就要增加。假如现在要建一个 8 英寸的生产线，100 纳米以下的工艺，厂房加设备的投入是 20 亿美元，如果是 12 英寸的话，可能要 30 亿美元左右；直径增大到 18 英寸时，成倍增长的资金投入将在一定程度上制约集成电路产业的进一步发展，因而目前对是否要建 18 英寸生产线尚存争议。

"摩尔定律"是不是会一直延续下去呢？答案是否定的。根据现在的预测，约到 2020 年，集成电路的特征线宽将达到约 10 纳米，这也许就是硅微电子技术的"物理极限"，这时摩尔定律也将失效。因为这时硅微电子技术将遇到许多难以克服的问题。

首先，硅 CMOS 器件沟道掺杂原子的统计分布涨落问题，比如长度为几十纳米的源和漏电极之间，掺杂原子也只有几十个左右，如何保证这些原子在成千上万个器件里的分布相同，显然是不可能的，至少也是极为困难的。也就是说，杂质原子分布的涨落，将导致器件性能不一致，这就难保证电路的正常工作，所以说从物理上看这种现象难以克服。进而，MOS 器件的栅极下面的二氧化硅绝缘层的厚度随着器件尺寸的减小，它的厚度也将减小，当沟道长度达到几十纳米的时候，二氧化硅的厚度也将小于一个纳米的厚度。

尽管加在其上的栅电压很低，如一个纳米上加 0.5 伏电压，加在其上的电场强度就要达到每厘米 5 兆伏以上，超过了材料的击穿电压。当这个厚度非常薄的时候，即使不发生击穿，电子隧穿的概率也很高，隧穿电流使器件无法正常工作。再者随着集成电路集成度的提高，芯片的功耗也急剧增加，使其难以承受。我们现在用的 CPU 的功耗已经很高，如果说将来把它变成"纳米结构"，而不采用新原理，只是按"摩尔定律"发展，进一步提高集成度，那么加在它上面的功耗就有可能把硅熔化。另外，还有光刻精度，多层布线带来的寄生电阻和电容等问题，都是难以解决的。

硅的微电子技术最终难以满足人类对信息技术的需求，因为人类对信息量的需求是无止境的。将来的可视电话就要求信息量传输速度要足够快，现在的计算机是不行的，看一幅 20 兆比特的图片可能需要几秒钟，显然不能令人满意。为了满足人类需求，除了正在探索解决的新途径，如量子计算机、光计算机、DNA 计算机等外，人们也把眼光放在了新型半导体材料研发上。

以 GaAs 为代表的Ⅲ－Ⅴ族化合物半导体材料

下面我们对以砷化镓（GaAs）为代表的Ⅲ－Ⅴ族化合物半导体材料加以介绍，化合物半导体材料有以下几个特点：一是发光效率比较高；二是它的电子迁移率高，同时可在较高温度下和在恶劣的环境下工作，特别适合于制作超高速、超高频、低噪音的电路。它的另一个优势是可用它来实现光电集成，即把微电子和光电子结合起来，光电集成可大大地提高电路的功能和运算的速度。它是如何制备的呢？通常采用液封直拉法（LEC）和垂直梯度凝固法（VGF）制备，LEC 实际上和直拉（CZ）硅方法相似，但有差别。它们之间的差别在什么地方呢？因为Ⅲ－Ⅴ族材料，砷和磷在高温下的蒸汽压是很高的，而熔体的硅是不挥发的。

为保证 Ga 和 As 的正化学配比，人们采用在熔融的 GaAs 液面之上，加上一层叫做三氧化二硼的材料，三氧化二硼的熔点比砷化镓的熔点低很多，熔化的三氧化二硼将 GaAs 熔体包封起来，单晶炉内充有高压气体，把 GaAs 熔体压在三氧化二硼下面，使砷无法从 GaAs 熔体中跑出来。利用这种技术，就可以拉制正化学配比的 GaAs 了。拉法与硅相似，用一个籽晶通过透明的三氧化二硼与 GaAs 熔体接触，设定合适的固液界面的温度梯度，就可拉出 GaAs 单晶，这就是液封直拉法。用 LEC 技术已拉出 4 英寸、6 英寸和 8 英寸的半绝缘 GaAs 单晶材料，并已有商品出售。

第二种拉晶技术叫做 VGF 法，即垂直梯度凝固法。我刚刚说的 LEC 技术的固液的交界面温度梯度大（每厘米 20℃），生长速度快，但缺陷密度高，实际应用受到一定限制。VGF'法的固液界面温度梯度可设计得较小，如 4～5℃。但籽晶是放在 GaAs 熔体的下方；关键是要设计好温度分布，以保证不将籽晶全部熔化掉，然后慢慢向上移动熔区，拉出晶体来。这种材料的优点是它的缺陷少，位错的密度可以做到每平方厘米小于 100 以下或更小。LEC 法拉制 GaAs 的位错密度要超过 1 万，不利于器件和电路应用。这是 VGF 方法的优点，它的缺点是在拉晶时无法观察，生长速度也较慢，生长出的材料

是不是单晶？只有打开炉子才知道，在这种情况下，它的拉晶成品率要比LEC 法低。

再来看看晶体的纯度问题。我刚刚讲现在硅单晶纯度已经做到 11 个 "9" 以上，相当于一千亿个原子里只有一个是杂质。对于砷化镓材料，它的纯度远比硅差，缺陷多；硅里面只有两个点缺陷，一是硅间隙原子，二是硅的空位。GaAs 就不同了，它有 6 个本征点缺陷，除了两者的间隙和空位之外，还有两个反位缺陷；如果它们与杂质相互作用的话，产生的缺陷种类就更多。那么，这种材料的发展趋势是什么呢？主要要降低它的缺陷密度，同时要提高材料的均匀性。我们知道硅可以做得非常均匀，因为它的杂质很少；像我们上面谈的半绝缘 GaAs 的纯度大约只有 6 ~ 7 个 "9"，这相当于体内包含 $1016/cm^3$ 个无序分布的杂质，你再掺入 $1017/cm^3$ 的杂质，其均匀性也只能做到 10%。所以，怎么提高它的均匀性，也是很重要的。

目前，全世界硅的单晶产量为 2 万多吨，主要用于集成电路和太阳能电池制造。砷化镓单晶的世界产能为 200 吨左右，主要用于光电器件的衬底材料和集成电路制造。如光纤通信用激光器、调制器和发光二极管的衬底材料以及高速、高频微电子器件和电路的基础材料等。除了砷化镓以外，还有磷化铟，也主要用于光纤通信用激光器件和移动通信、高速网络用微电子器件的衬底材料。2 英寸、3 英寸和 4 英寸的 InP 单晶衬底材料已有商品供应，6 英寸 InP 晶片尚在研发中。

宽禁带半导体材料和器件及其应用

以上谈到的半导体硅的带隙 1.12eV，砷化镓 1.42eV 左右，砷化镓的发光是在近红外，0.86 微米左右，这些材料难以用来制作兰、紫光器件。下面我们来介绍宽带隙半导体材料，Ⅲ族氮化物，像氮化镓、碳化硅、氧化锌、立方氮化硼和金刚石都是属于禁带宽度比较大的。带隙都在 3 个电子伏特以上，可以用来制备蓝光、绿光和紫光器件，加上已有红光器件，大屏幕彩色显示就成为可能。大屏幕奥运显示屏很鲜艳，要是早四五年以前，那是很难做成的。所以宽带隙半导体材料不仅是优越的光电子材料，而且它还是个很好的微电子材料。

下面首先来介绍 GaN 基材料在白光照明方面的应用。从人类的照明发展史可以看到，最早的人们是用点火来照明，然后到 19 世纪末 20 世纪初期时，爱迪生发明了电灯泡，它是用电加热灯丝来发光的，效率低；然后又研发成功自炽灯、荧光灯，发光效率不断得到提高。到 21 世纪初，GaN 基材料

F-22 装备的有源相控阵雷达

的发展为半导体白光照明打下了基础，这将触发人类照明的又一次革命。现在看到的大屏幕彩色显示，公共场所的景观照明灯，还有红、蓝和绿色交通信号灯都是半导体发光二极管。

那么，白光是如何产生的呢？理想的白光是将红、蓝和绿三基色合理地组合产生，但价格贵。一个简单而又常用的办法，是在一个可以发蓝光的 GaN 基 LED 芯片上，涂上黄色的荧光粉或者红的或者绿的荧光粉，这样的 LED 就能发出白光。它是通过蓝光激发荧光粉发出另两个基色（红或绿）的，三基色混合后就发出了白光，这就是目前在市场上看到的半导体灯。半导体灯有很多优点，工作电压很低，只有 3 ~ 4 伏，很安全；寿命可以达数万小时，也许我们一辈子用一个半导体灯就够了。半导体灯安全、节能，又可减少污染，与白炽灯相比，可节省 70% ~ 80% 的电。如用火力发电的话，一度电就要排放 1 千克的二氧化碳，0.5 千克的二氧化硫；用半导体灯既节省了电，又减少了污染和保护了环境。

目前，高档的大功率芯片的光效可达 110 ~ 130 流明/瓦（1m/W），中等的约 90 ~ 100lm/W，一般芯片也能达到 70 ~ 80lm/W 左右。目前，半导体灯的光效已远远超过了白炽灯，中等芯片也可同荧光灯相比，只是价格还较高，尚难进入普通家庭的照明。根据我国半导体照明路线图预测，2015 年半导体照明功率芯片的光效要达到 150lm/W，2020 年达到 200lm/W 以上；到那时半导体灯就有进入家庭照明的机会，人类也将进入半导体照明的新时代。

半导体 LED 除可用于白光照明、交通信号灯、景观照明、汽车尾灯和照明灯等之外，还有许多其他重要用途，如室外高亮度大屏幕显示和液晶显示器的背光源等。现在液晶的背光源要用的电压很高，功耗大；如果采用半导体三基色 LED 作为它的背光照明光源，不仅显示屏可以做得很薄，功耗也可大大降低。现在市场上很多电视机就应用了这种技术。另外，将半导体灯、太阳能电池板和储能器结合起来，可作为街道照明路灯，特别适用于无电网的地区照明。

基于宽禁带半导体材料的器件和电路，也广泛地应用于国防。美国 F－22 战斗机上用的雷达就用了碳化硅功率器件，不但体积小，而且耐高温，在 200℃ 温度下工作都没有问题。AlN 和 AlGaN 等是优异的制造日盲紫外探测器的材料，日盲即对太阳光无响应。朝鲜战争时，美国一个王牌飞行员经常从太阳那个方向驶过来，攻击我方的飞机，我们的飞机因不能直接对准太阳光，无法探测到它，很难对付来自那个方向的攻击。如果说有种探测器，对日光不产生作用，这个难题就迎刃而解了。但那个王牌飞行员驾驶的战机，还是被我们的飞行员击落了，那是靠勇敢、不怕死的精神创造的奇迹。组分可调的 InGaN 材料的带隙（从 GaN 的 3.4eV 到 InN 的 0.7eV）几乎覆盖了太阳能的光谱整个范围，用这个材料体系研制的全光谱太阳能光伏电池，理论预测它的光电转换效率可高达 72% 以上。我们知道现在最好的硅的光电转换效率可以达到 24%，砷化镓电池也类似；为什么不能再提高呢？那是因为单结电池只能吸收太阳光的部分波长，如果电池可以把整个太阳的光谱都吸收，那么它的光电转换效率就能大大提高，这也是我们奋斗的目标。

上面我们谈到了半导体白光照明和光谱太阳能电池等，这些器件都要用到元素铟（In），In 元素是一个稀有元素，在地球上探明的储量仅有 1.6 吨左右，按目前的用量计算，最多也只能用 20 年左右。为此，人们把希望寄托在另一个宽带隙半导体材料氧化锌（ZnO）上，ZnO 基宽禁带半导体材料具有很高的激子束缚能（60mev），是蓝紫光室温激子器件的首选材料。地球上 In 元素储量丰富，它也可能成为半导体白光照明的替代材料。另外，基于有机发光二极管（OLED）和高分子聚合物发光二极管（PLED）等的白光照明技术发展迅速，并将以价廉、低功耗，在大面积平面白光照明领域占有一席之地。

宽禁带半导体是一种非常重要的、有重要应用前景的材料体系，但是这种材料中的大多数还处于研发阶段，不少关键的科学和技术问题尚待解决，像高质量 ZnO 单晶薄膜生长和有效的 P 型掺杂；大尺寸金刚石单晶体和大面积单晶金刚石薄膜生长制备，金刚石的 N 型掺杂等虽有进展，但无突破；但当这些问题一旦得到解决，它们的应用前景是极其广阔的。

低维半导体结构材料与量子器件

现在讲讲低维半导体材料，这个可能听起来有一点枯燥。什么叫维，维是几何学和空间理论的一个基本概念，构成空间的每一个因素（长、宽和高）叫做一维，普通的空间是三维的，如果把时间加上，就是四维。我们生活的空间和时间，都在变化。硅单晶、砷化镓单晶三个方向尺寸都是很大，电子在里面都可以自由运动的，我们称之为三维材料。在三个方向的一个方向上运动受到限制，不能自由运动，而在另外两个方向可以自由运动，就像电子在平面可以自由运动，而在垂直这个平面的方向不能随便运动的材料称二维材料。这种材料又叫超晶格量子阱材料，是 20 世纪 70 年代初日本科学家江琦和华人科学家朱兆祥提出的概念。电子在两个维度上都不能自由运动，而只能沿着一个方向自由运动，称量子线材料，也就是说电子只能在一条线上运动。

在量子点材料中，电子就像关在笼子里，三个方向都不能自由运动。电子不能自由运动有什么好处呢？量子力学告诉我们，电子的态密度函数发生了变化，块体材料是抛物线，电子在这上面可以自由运动；一个维度受限，则是阶梯函数分布；两个维度受限，则是一个函数；如果是量子点材料，它的态密度函数就像是单个的分子、原子那样，是一条条分立谱线。基于这个特点，可制造功能强大的量子器件，并用于光纤通信、移动通信和高速信息

网以及国防上，将来的量子通信、量子计算所需的器件也要靠这类材料。

下面我们先来讲几个与量子效应相关的有趣现象。如果说有一个玻璃球在瓶子里沿水平方向可以来回滚动，而在垂直方向上没有动能，按照经典力学它总不会从瓶子里跑到外面；但根据量子力学理论，当这瓶子的厚度（势阱势垒厚度）与电子平均自由程接近或小的时候，电子就有一定的概率穿过瓶壁到瓶子外面，称为量子隧穿效应。什么是库伦阻塞呢？如果有一个很大的岛，电子进入岛后，电子可以位于彼此相隔很远的地方，彼此没有相互作用；如果这个岛变得非常小，在岛上如已有一个电子，第二个电子来了以后，因离这个电子的距离非常近，它们之间就产生排斥作用，排斥能使整个系统的能量增加，这就会阻止另外一个电子再来这个小岛上，这就构成了一个非常简单的单电子器件。只有通过外加电压让岛上的电子走了以后，第二个电子才能来。在这种情况下，欧姆定律也不再适用了。基于单电子器件的计算机和存储器不仅集成度高，运算速度快，而且功耗小，是目前研发的热点之一。

下面介绍弹道输运，如果两个电极之间的距离非常近，只有十几个纳米长，电子沿着这个方向运动时（如果这个方向的长度跟电子平均自由程相等或者小），电子从这个电极跳到另一个电极，就像炮弹打过去一样，中间没有任何散射，电子速度越快，运动的时间就越短，因为它们的距离只有十几纳米，我们称其为弹道输运。弹道输运也不服从欧姆定律。当电子在量子点间输运时，是一个电子跳过去以后，第二个电子才能接着跳过去，这就形成了阶梯式电流电压曲线。在低维半导体材料和纳米器件的电导和电压测量中，常发现存在一个与时间无关的非周期涨落，这种非周期涨落不是热噪音引起的，而是每一个特定的样品所固有的，因而这种涨落图谱也被称为样品的指纹，叫做普适电导；它类似人的指纹，将不同材料的普适电导谱存储在计算机里面，通过对比，就可以区分不同的材料。还有量子限制斯塔克效应，量子尺寸效应等。在硅微电子技术达到它的物理极限后，信息技术如何发展？基于量子力学效应的器件和电路可能为其开辟一条崭新的途径。

上述的低维结构材料自然界是不存在的，是人工生长制备的。现在简单地介绍一下分子束外延（MBE）技术。一个生产型的 MBE 设备，装配很多分子束炉，在不同的炉子里面分别装入砷、镓、铝、铟等高纯元素，通过控制分子束炉的温度可以控制分子束流进行外运生长。MBE 系统是一个非常高的真空系统，系统里配了多种测试分析装置，如高能电子衍射仪、四极质谱仪等，可以用来测量里面杂质原子的含量，也可以用来控制材料生长，使其得到单原子层的平滑、单原子层的陡变的结构。一个生产型的 MBE 设备，每年可生产 3 万多个 4 英寸、1 万多片 6 英寸的材料。现在这种技术已经不再是一个实验室的技术，已经走向了工业生产。另一种先进的生产型设备是金属有机物气相淀积系统（MOCVD），它是通过管道，将气体携带的金属有机化合物（MO 源）引入反应器，在加热衬底的上方热分解反应生成外延膜，它的生产规模和材料的质量与 MBE 技术相当。这两种办法用于制备超晶格、量子阱材料已非常成熟，但难以用来制造量子点、量子线材料，为此人们又发展了将超晶格材料生长和微细加工相结合的办法来实现量子点、量子线材料的制备。这种办法的优点是加工试样的形状、尺寸和密度可以控制，但是由于加工带来的表面损伤和杂质污染等使纳米结构器件的性能远达不到理论预测值。

为了克服上述缺点，人们又发展了应变自组装方法。我们知道，异质结外延存在着三种生长模式：即层状生长、岛状生长和介于上述二者之间的先层状生长进而过渡到岛状生长的 SK 模式。利用应变自组装方法可以制备量子点、量子线。SK 模式生长的初始阶段是二维平面生长，通常只有几个原子层厚，称之为浸润层。随着浸润层厚度增加，应变能不断积累，当浸润层厚度达到某一个临界厚度时，外延生长过程则由二维平面生长向三维岛状生长过渡。三维岛状生长初期，形成的纳米量级尺寸小岛周围是无位错的，这也是它的优点。若用禁带宽度较大的材料将其包围起来，小岛中的载流子将受到三维限制。小岛的直径一般为几十纳米，高约几纳米，通常被称作量子点。这种方法的缺点是由于量子点在浸润层上的成核是无序的，故其形状、尺寸、分布均匀性，密度和有序性难以控制。中科院半导体材料科学重点实验室早在 1994 年就开始了这方面的研究工作，1996 年研制成功我国第一支波长约 1 微米的 InAs/GaAs 量子点的激光器，目前室温最大连续波输出功率高达 4.4 瓦，器件寿命超过 5000 小时，达到了国际先进水平。量子点激光器的尺寸很小，条宽 100 微米，器件腔长 600 微米，有源区厚度十几纳米。近年来基于半导体量子点的单光子光源的研制受到了人们的高度关注，因为它可作为绝对安全的量子通信的光源。如果我们能按时序要求调控单个光子的发射，那么就可按密码排列编序的要求设计单光子的发射，这样传递的密码是绝对安全的。因为单光子在理论上是不能测的，一旦有人测，就会马上发现，即传递信息的单个光子不是传过去，就是被偷走，两者必居其一。研制单光子光源是目前量子通信头等重要的目标。

基于 GaAs 和。InP 基的超晶格、量子阱材料已经发展得很成熟，广泛地应用于光通信、移动通讯、微波通讯的领域。现在来介绍它们在几个新器件方面的应用，如量子级联激光器，这是一个单极器件，中、远红外光源，在自由空间通信、红外对抗和遥控化学传感等方面有着重要应用前景。它对 MBE 制备工艺要求很高，整个器件结构几百到上千层，每层的厚度都要控制在零点几个纳米的精度，我国在此领域做出了国际先进的成果；又如多有源区带间量子隧穿输运和光耦合量子阱激光器，它具有量子效率高、功率大和光束质量好的特点，这方面的研究我国有很好的基础，并已取得重要进展。

下面我们再来谈谈硅基光电集成问题。大家知道硅是微电子的基础材料，如果硅可高效发光，那么硅基光电集成就很容易实现，硅基光电集成一直是人们追求的目标。但硅是间接带隙材料，发光效率低，所以提高发光效率是关键。人们通过多种手段如 Ge/Si 量子点、多孔硅、稀土离子掺杂等提高发光效率，但进展都不大。另一种方法是很早就想到的，那就是在硅衬底上生长发光效率高的 GaAs、InP 材料，但由于两者的晶格常数和热膨胀系数不同导致的高失配位错密度使器件性能退化，难以实用。近年来，Intel 公司又发展了将Ⅲ－Ⅴ族光电子器件直接键合在硅片上，研制成功硅基混合锁模激光器，它是由 InP 和硅片构成，两者通过等离子体工艺键合在一起。光发射来自 InP，硅片作为波导，起着对光的反射和放大而产生激光发射作用，激光脉冲 4 皮秒，重复频率 40GHz。信号由一根光纤输出；可用于 PC 机、服务器和数据中心等，为硅基光电混合集成打下了基础。

那么纳米电子学的研究现状是如何呢？单电子器件，包括单电子晶体管和单电子存储器等，它的工作原理是基于库伦阻塞效应。当量子点或库仑岛很小时，如系统的总电容约在 10～18 法拉，这时候岛上有一个电子和没有一个电子的情况是很不一样的，当第二个电子进入岛以后，系统的能量提高了，就会阻止下一个电子进入岛区。我们把岛上有电子和没电子分别看成为 1 和 0，这就是一个简单的二进制的存储器，因为岛的面积很小，存储的电子只是一个或几个即可，所以有着高存储密度和功耗小的特点，是纳米电子学的基础，也是目前人们研发的热点领域。

分立的单电子器件虽已研制成功，但要实现 $109～1010/cm^2$ 的单电子器件集成，目前尚缺乏有效的技术来实现，甚至原理尚无彻底解决。虽然利用 STM 技术已经做到了 32×32，但是如果要做每个平方厘米是 1010 的元件还差很远。我们现在加工工艺水平大约是几十纳米，对硅材料，电子的平均自由程只有几个纳米，加工难度就更大；发展无损伤纳米加工技术，实现 107～108 像素/cm^2 . sec 制作是我们今后奋斗的主要目标之一，同时对材料要求也是非常苛刻的。在非常窄而短的通道里面，有一个缺陷存在，电子就不可能实现弹道输运；所以说对介质的要求也是非常高的，它应当是非常完整、没有缺陷。此外，材料还要具有低表面和界面态，高完整和高均匀性等特点，硅单晶虽具有高纯、高完整性以及天然二氧化硅介质膜的优势，但二氧化硅为非晶，它的无序分布和杂质会对纳米量子器件，特别是对用于量子计算的器件带来致命的影响。满足这些目前要求的材料尚待发展。应用其他生长方法，如应变自组装方法生长的量子点来实现纳米器件和电路的制造，但它的形状、尺寸均匀性和密度难以控制，也无法满足要求。

10 多年前 Cent 等提出了量子点原胞自适应计算机的设想，它是基于量子点单元阵列来实现快速计算的设想（四个量子点组成一个正方形单元，如果把两个电子放到这四个点里，由于库仑排斥作用，电子只能分布在对角线上的两个量子点里，将不同对角线分布的量子点单元编码为 0 或 1，就构成了量子点原胞自适应机的基本单元）。它无需引线，而是通过量子点间库仑排斥来实现二进制编码和运算，具有高速和低功耗以及高集成度优点。虽然这个想法已得到初步的实验验证，但要实现还要有很长的路要走。

有人说 20 世纪是硅的时代，21 世纪是碳的时代，即碳纳米管和石墨烯的世纪。这里有一个例子，几年前人们在一个 25 微米长的碳纳米管上，研制了一个由 5 个 CMOS 器件组成的环形振荡器，但它的工作频率只有 52 兆赫兹，与现在的硅电路比一下，两者相差好几个量级。举这个例子意思是说，虽然碳纳米管具有很高的电子迁移率，然而如何控制它的尺寸和空间有序分布等，特别是如何制造高速集成电路仍有很多要克服的困难。

虽然，当硅微电子技术遇到物理极限，走到头的时候，什么材料能部分或者代替它，目前尚难预测；但另一个摆在物理、化学、材料和电子科学家面前的一个艰巨任务，是发展无损纳米加工技术，确保每个量子器件电路单元的一致性和实现高密度集成。在从遵守玻尔兹曼统计规律的硅基微电子技术到基于量子力学的量子信息技术之间，可能存在一个相当长的过渡时期，在这期间，光电集成、光电混合集成和光计算等将百花齐放、各显神通，这给我们留下了广阔的创新空间，也是我国独立自主发展新一代信息技术的机遇和挑战。

小结与展望

锗硅单晶材料和晶体管的发明，硅集成电路的研制成功，导致了电子工业的革命，这个工业革命就涉及我们每一个人，正好 Pc 机现在已经进入了千家万户；光学纤维材料和半导体激光器的发明，使人类进入了光纤通信和宽带网的信息时代。我相信将来的广电、通信和互联网的三网合一是必然的趋势，这将更加便宜和方便用户。超晶格概念的提出，MBE 和 MOCVD 技术的发展完善与进步以及半导体纳米科学技术的发展和应用，将使人们从分子、原子和纳米尺度水平上，控制和制造功能强大、性能优越的人工微结构材料和基于它们的器件和电路，极有可能触发以量子力学为基础的新的技术革命，这将使我们进入到一个奇妙无比的量子世界，彻底改变人类的生产和生活方式。例如我们有 1 千~2 千个量子位的量子计算机，它的运算速度将是强大无比的，现在所有的密码都能在非常短的时间内被破解。因为现在的密码都：是用数十位或百位以上数字按保密要求组成的，只有设置人知道，这就成了密码。有了足够高量子位量子计算机，就无密可保了。无密可保怎么办呢？上面介绍的采用单光子编码的量子通信是最好的解决办法，而且是绝对安全的。

总之，半导体随着科技的不断进步和人类的需求，已经历了块体单晶材料，薄层、超薄层材料，超晶格、量子阱材料，量子线和量子点微结构材料，它将进一步向功能芯片材料和半导体有机，无机复合材料以及有机/无机/生命相结合的方向发展；每一种新的半导体材料的发现和应用，导致人类经济社会的跨越发展，人类生活质量的提高。

食品安全　任重道远

——食品添加剂被诬陷

孙宝国

谈到食品安全，大家都有自己的亲身感受，上至党和国家领导人，下到普通百姓，包括大众媒体，都有着自己的看法。今天在这里主要跟大家谈一下我个人的一些观点，仅仅是个人意见，不见得对，大家可以讨论。这次讲座的题目叫"食品安全，任重道远"，其实我还想加一个副标题，就是"食品添加剂被诬陷"，在讲座过程当中会具体谈到食品添加剂到底是怎么被诬陷的。

食品安全现状到底如何？

我国食品安全现状到底如何？对这个问题每个人都有着不同的判断。我个人有一个基本的看法，就是中国的食品安全状况是好的，并且不断向更好的方面发展。

以瘦肉精为例，我在网上看到了这样一个报道，"根据农业部对全国主要大中城市抽样检测，最近3年，瘦肉精检测合格率均在99%以上；今年第一季度检测合格率为99.4%，比2001年提高了30多个百分点"。2001年在广东首次发现瘦肉精，而且在当时还造成了较大的人体伤害。如今10年过去了，我国瘦肉

以后还能吃啥东西呢？

精的合格率提高得很快，食品的其他方面也是如此。可是很多老百姓的感觉却并非如此。中国的食品安全性是好的，但是老百姓的食品安全感是差的。而且，大家感到好像越来越差，原因何在？

上页图是网上的漫画，劣质奶粉案、毒酒案、毒大米案……以后我们还能吃啥东西呢？很多消费者都有这个疑问，就是中国人还能吃什么。造成这种现象的主要原因，我个人认为是许多食品安全问题在传播过程中，被误导了、被夸大了，甚至被歪曲了。

面条可燃并不奇怪

在这里给大家举几个例子，先说前一阶段舆论炒作得比较厉害的可燃面条。可燃面条新闻出来以后，给我的第一感觉是缺乏基本的科学常识。面条能不燃烧吗？不但面条会燃烧，馒头点着也能烧，小麦点着也能烧！我们所吃谷物的主要营养成分就是碳水化合物，也就是淀粉，淀粉肯定是能燃烧的，可燃是它本身的一个属性。更有甚者，有的所谓专家讲如果面条里添加纯天然而非合成的物质就不燃烧了，实际上这种说法进一步误导了大家。纯天然的不燃烧吗？我们吃的食用油都是纯天然的，所有的作物秸秆、树木都是纯天然的，能不燃烧吗？

我知道大家都十分关注三聚氰胺。三聚氰胺是添加剂吗？很多人回答"不是"，但三聚氰胺确实是添加剂，它是水泥添加剂，在水泥里面作为高效减水剂；也是塑料添加剂，在塑料里面作为阻燃剂；还可以作为涂料添加剂，在涂料里面作为甲醛吸收剂。但是，三聚氰胺不是食品添加剂。我要强调的一个观点是添加剂不等于食品添加剂。

现在很多人认为添加剂就是食品添加剂。事实上，添加剂与食品添加剂是两个不同的概念，或者说添加剂是一个大概念，食品添加剂是一个小概念。现在有很多添加剂，诸如食品添加剂、饲料添加剂、药品添加剂、塑料添加剂、涂料添加剂、油墨添加剂、汽油添加剂等。绝对不能将食品添加剂简化为添加剂，该简化的简化，不该简化的不能简化，以免误导他人。但是，个别媒体非但没有为大家解惑反而加深了大家对此错误的认识。

美联社对三聚氰胺的报道

我们可以看看美联社是怎么报道三聚氰胺的。2009年3月1日《参考消息》转载了美联社的一个报道，其中有一段话："去年三鹿婴幼儿配方奶粉丑闻的元凶就是食品添加剂。"美联社不知道三聚氰胺不是食品添加剂？我想不会不知道。这是一种误导。在有关食品安全问题上，我们还是要动一下脑子的，国外媒体的一些报道是有明显目的的。1997—2009年，国外品牌的奶粉中三聚氰胺超标的时有报道，但舆论并没有去炒作。包括前一阶段，媒体大肆炒作霸王洗发香波里面二噁烷超标，其实有的国外品牌的洗发香波里面也有二噁烷，并且含量不比霸王低，为什么没有人炒作它们呢？我个人的感觉是背后有"推手"。15年前，我们有一个洗发香波的品牌叫奥妮皂角，发展得很好，目标要成为亚洲最大品牌。但由于媒体过分炒作，奥妮皂角现在已经销声匿迹了。

个别的媒体为了吸引公众的眼球，报道故弄玄虚，使用"有毒"、"毒食品"、"致癌"等字样，引起大家的关注。"一滴香"问题去年媒体炒得很厉害。有的报道就使用了"一滴香涉毒，虚惊一场？"这样的标题。这个标题起得很高明，不管事实真相如何，它都可以完美解释。假如说"一滴香"有问题，它确实写了"一滴香涉毒"；假如"一滴香"没问题，标题里写的是"虚惊一场"；假如果真有问题，"虚惊一场"的后面还是问号。在许多中国老百姓心目中，媒体是党的喉舌，大家都非常相信，尤其遇到食品安全问题，有时候政府直接说了大家不听，媒体说了大家反而听。当然，经过改革开放30多年，媒体的透明度越来越高，这绝对是一件好事，因为很多问题媒体能在第一时间给我们提供消息。但是，媒体在提供消息的同时自身也要发展。媒体首先是一个产业，要追求利润最大化。我们都知道西方媒体的新闻理念，

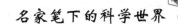

多少食品"被不安全"？

就是坏消息是好新闻，狗咬人不是新闻，人咬狗才是新闻。通过吸引大家的眼球，平面媒体的发行量上去了，电视收视率上去了，网络媒体的点击率上去了，紧跟着就是广告收入上去了。所以在这里我给大家一个建议，我仍要理性面对媒体报道，要对媒体报道的内容进行分析和思考。

有多少食品"被不安全"？2008年中国出口日本的速冻水饺被称有毒，当然最后结论是人为投毒，谁投毒的问题现在还没有解决。一个方便面炒了多少年？20世纪60～70年代就有方便面，有人说1958年日本人安腾百福发明了方便面，其实安腾百福原名吴百福，是中国台湾人。有人称方便面富含有毒物质丙烯酰胺。首先里面根本没有那么多丙烯酰胺，假如有的话，它也不会比油炸薯条里面的多；另外，方便面都是泡着吃的，学过有机化学的人都知道，酰胺类遇水会变成有机酸，不可能对人体造成危害。除此之外，"被不安全"的还有包子、油条、馒头、大米、粽子、月饼、元宵、猪肉、鸭蛋、多宝鱼、火腿、西瓜、韭菜、豇豆、香蕉、橘子等，网上点一点，你会发觉我们所有吃过的食品当中，都加了个"毒"字。

我国食品安全最大的问题是什么

我个人认为，食品安全最大的问题并不是食品安全本身，而是食品安全问题造成了公众严重的心理恐慌和强烈不满。大家觉得食品安全就是一个雷，什么时间要炸、炸了谁，谁也不知道。

很多人不知道，中国出口日本的食品的抽检率很高，最高达到了15%的抽检率，即便如此，在中国、美国、欧洲

食品安全是个"雷"

等所有出口到日本的食品中，中国食品抽检的合格率最高。刚才提到的毒水饺事件，日本也承认是人为投毒，哪个环节投的毒现在还不太清楚。

我国食品安全最大的问题还在于影响了经济发展和社会稳定。三鹿婴幼儿奶粉出问题以后，很多中国人跑到香港买奶粉，最后因为抢奶粉发生冲突、被捕；日本大地震以后，由于核辐射泄露，国人大肆抢购食盐。日本还没抢购食盐呢，我们中国人先把食盐抢光了！这说明在涉及人身安全的问题上，中国老百姓的心理承受能力已经到了极限。

食品添加剂在食品安全中的角色

接下来跟大家谈一下，食品添加剂在食品安全当中到底扮演一个什么角色。食品添加剂指为改善食品品质和色、香、味以及为防腐、保鲜和加工工艺的需要而加入食品中的人工合成或者天然物质。到底有哪些物质是食品添加剂？举几个例子。很多人喜欢吃卤水豆腐，中国人吃了2100多年，卤水是什么？卤水就是一种食品添加剂，它在我国22大类食品添加剂中属于食品凝固剂。

许多人喜欢木糖醇无糖口香糖。木糖醇也是食品添加剂，属于食品甜味

剂。大家都知道木糖醇是天然的，是有益健康的，糖尿病人可以吃，普通人也可以吃。甚至有的在包装上"口香糖"那几个字不是很大，"木糖醇"的字却很大。前一阶段我看了一个网络小说，说坐飞机耳朵疼的话就嚼点木糖醇，我当时想他是觉得时髦呢，还是觉得木糖醇就是口香糖呢。再例如清爽草莓味的口

卤水点豆腐

香糖，怎么会有草莓味呢？就是要加草莓香精。食品香料是食品添加剂当中品种最多的一类，薄荷脑、大蒜油、肉桂油等都是食品香料。我国食品添加剂现在批准的品种有2300多种，食品香料就有1800多种。

我国食品安全法第43条中有一句话：国家对食品添加剂的生产实行许可制。其实我觉得还缺了几个字，国家对食品添加剂的生产、销售和使用实行许可制。我个人总结了一下食品添加剂必须具备三个条件。

第一个条件是"确有必要"。有必要的加，没必要的就不加：卤水点豆腐，不加卤水成不了豆腐，这是必须要加的。没必要加就不要加。我国在2011年5月1日以后就不允许在面粉中使用增白剂，并不是因为增白剂有食品安全问题，只是由于以前大家喜欢吃白馒头，而面粉本身没有那么白，用"富强粉"做的馒头也没那么白，所以才使得增白成为必要。现在很多人开始吃黑色食品、紫色食品了，吃全麦馒头或全麦面包了。大家的观念开始转变了，没有必要单纯为了满足视觉的需要而为馒头增白了，面粉增白剂也就需要退场了。

第二个条件是必须"安全可靠"。怎么安全可靠？不是我说、你说或者大家说安全可靠就安全可靠，这个"安全可靠"必须经过科学实验证明对人体无害才可以。我国还有一条不成文的规定，那就是不单我国证明是安全可靠，国外发达国家至少有两个以上已经允许使用的食品添加剂，我国才会允许使用。总体来说，我国在食品添加剂的许可上非常谨慎。

第三个条件是"政府许可"，必须使用列在国标GB2760名单里面的食品

添加剂，只有这样才是合法的，否则就是非法。

食品生产企业必须使用合法的食品添加剂。"蒙牛特仑苏 OMP 奶风波"大家可能有所耳闻，2009 年有人在博客中提到"蒙丰 OMP'牛奶可能致癌"，因为里面加了牛奶碱性蛋白 MBP。这个问题出现以后，我国政府非常重视，卫生部部长也出来谈这个问题。实际上牛奶碱性蛋白当时已获得了美国 FDA 的 GRAS 认证，GRAS 意思为"一般认为安全"，可以在食品中使用。新西兰也允许使用，但是我国还并没有批准。最后卫生部出面解释是 MBP 对人体没有危害，但需要报批。蒙牛错在没有报批。这是一个非常典型的案例，简单总结一下就是合理不合法。

食品添加剂的正确使用也非常重要。大家都知道杨白劳是喝卤水死的，我觉得可以作为一个教训，那就是不能违规、不能超范围、不能超量使用食品添加剂。另外，企业也不应该把食品添加剂当成卖点。右图是常见的包装，包装上写着不加香精、不加防腐剂、色素，不含农药、激素、胆固醇；这边标志上写着敢承诺不加香精、不加色素、不加防腐剂。香精有什么

食品包装上的"食品添加剂"消灭战

问题？色素有什么问题？防腐剂有什么问题？都是国家允许使用的食品添加剂。再看它另一个侧面标注，非常清楚的标有"食品添加剂：乳化剂"。这种做法是一种不正当竞争行为，加深了公众对食品添加剂的误解。

有人讲，食品生产企业是良心产业，是道德产业。我觉得最起码这是不道德的做法，损人不利己的。遗憾的是这种现象不光发生在椰汁、椰奶上，别的食品也有；不光中国有，外国也有。印度尼西亚的一个椰奶品牌（右图），这是它的一种包装，在它的侧面上面标志着无胆固醇、无反式脂肪、无防腐剂、无色素、无香精。有必要这样吗？实在没有必要。

前一阶段我曾到一个企业鉴定一个产品，这个产品我们很多人可能也吃

国外椰奶包装同样拒绝"食品添加剂"

过——粉丝。看过之后，我向企业的董事长表明不会主持这个产品的鉴定。当时我是这么说的：您叫我鉴定一个无明矾粉丝，我们家，从我老爷爷到我爷爷到我父亲，三代都是做龙口粉丝的，我知道好粉丝里面是不加明矾的，鉴定一个无明矾粉丝，首先是无中生有，第二是误导消费者。假如说现在有一个人要鉴定奶粉，说是无三聚氰胺奶粉，消费者会怎么看？后来我建议把无明矾去掉，是什么粉丝就是什么粉丝，企业的粉丝是全薯粉丝，对普通的粉丝来讲营养价值更高，只要鉴定是全薯粉丝不就行了？这个事件说明了一个问题，有时候食品生产厂家自身也不太清楚如何宣传自己的产品更好。

谈到食品添加剂，很多人说没有食品添加剂就没有现代食品工业，我认为这句话有毛病。没有食品添加剂就没有现代食品工业，好像因为有了现代食品工业，才有了食品添加剂，这会给消费者造成误解。

人类使用食品添加剂的历史和人类社会文明史同样悠久。我们都知道淮南王发明了卤水点豆腐，淮南王时期离现在多少年了？2100多年了，我们吃卤水豆腐2100多年了，能说这是现代食品工业的产物吗？我们吃了2100多年豆腐，还有很多关于豆腐的问题没有彻底解决。日本人已经把豆腐机都做出来了，而我们现在吃的豆腐仍然是有摊点的、有厂子的。从安全性来讲，生产卫生条件无法保障不给大家造成很多的食品安全恐慌，这是我们值得反思的。

在上图我列举了很多食品，每一个我都仔细核实过，负责任地给大家讲，图片上显示的所有食品都含有食品添加剂。我们通过商店买回来的食品绝大部分也都有食品添加剂。人类社会的文明进步，已经离不开食品添加剂了。面粉里面不加增白剂我绝对拥护，但是面粉里除了不加增白剂外，别的食品添加剂就不加吗？还是得加。我小时候，家里的西厢房就是一个磨房，经常在那儿磨面，几乎是磨一天的可以吃三天。有毛驴，套上毛驴，没毛驴人们就亲自动手，那时面粉里边什么都不用加，因为磨了就吃。现在不一样了，面粉磨完后，整个运输过程包括从面粉厂到超市，我们再买一袋子面吃上一段时间，小麦不磨三年、五年没问题，一磨成面粉以后就不好放了，要么结块要么发霉，你不解决这个问题能行吗？不解决这个问题，大家就要吃变质的面粉，所以还是要加食品添加剂。

还有一点必须强调一下，没有食品添加剂也不可能有食品安全。以大家最熟悉的油、盐、酱、醋为例，不管是普通老百姓吃的，还是党和国家领导人吃的，里面没有不放食品添加剂的。在过去，食用油时间一长就酸败了，而现在通过添加抗氧剂解决了这个问题。再说食盐，一些人可能还有印象，小时候盐都是放在盐缸里，过几天就抠不出来了，全结块了，俗话说得好，"燕子低飞蛇过道，盐坛出水烟叶潮，大雨不久就来到"，现在的盐，就算把盐缸敞着口，它也不会结块，因为加了抗结剂；小时候的酱油没几天就长白毛了，因为没加防腐剂，也可能零挑担卖酱油的兑水了，现在的酱油加了防

人类社会文明进步离不开食品添加剂

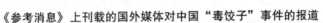

中国饺子疑遭"人为注入农药"

问题出在"起点"还是"终点"仍然成谜

《参考消息》上刊载的国外媒体对中国"毒饺子"事件的报道

腐剂后就不会长毛了。为什么要加这些东西？原因在于吃坏的、被微生物污染的酱油、醋对人体健康有害。现在全球范围之内，包括我们国家，最大的食品安全问题，是食源性疾病，也就是有害微生物污染导致的。

关于食品添加剂，我想跟大家总结一句，迄今为止，中国有影响的食品安全事件，都不是合法使用食品添加剂造成的，但是食品添加剂成了替罪羊。举几个例子，瘦肉精事件，瘦肉精是食品添加剂吗？它不是食品添加剂，瘦肉精最早是作为兽药使用。瘦肉精问题对大家造成了很大的心理恐慌，我国是明令禁止使用的，而在美国是允许用的，主要原因是国情不一样。苏丹红事件，苏丹红是偶氮染料不是食品添加剂。还有很多事例，都是食品添加剂替非法添加物背了黑锅。

在食品安全问题上，尤其是涉及食品添加剂问题，消费者也需要转变观念。馒头本来没那么白，猪肉本来就没那么瘦，鸭蛋本来就没那么红，如果我们的要求超出了食品自身能够达到的程度，不法分子就会有机可乘，通过违法行为来满足消费者不正当的要求。所以消费者应当转变观念、理性消费、科学消费。

导致食品安全问题频发的原因何在？

关于导致食品安全问题频发的原因大家有不同的说法。我觉得归根结蒂

原因就一个字——人。三聚氰胺、瘦肉精等食品安全问题屡禁不止，完全是人违法犯罪造成的；人为编造与炒作的食品安全问题引发全社会对食品安全的恐慌，这也都是人的问题。

日本毒饺子事件中谁投毒，到现在还是一个未知数，但可以肯定的是，是"人"在犯罪。《参考消息》有一个报道，"中国饺子疑遭'人为注入农药'，问题出在'起点'还是'终点'仍然成谜"。由此看出，食品安全的问题，已经从一个食品安全问题，上升到了一个国际贸易问题、国际关系问题，这个需要引起重视。

在这里，我还想谈一下"一滴香"。我离"一滴香"很近，我国所有的肉味香精技术源头都在我这里。"一滴香"是一种复合调味料，里面起主要作用的是肉味香精。网上说"一滴香"可能致癌。坐飞机可能出空难事故，坐汽车可能出车祸，可能的事太多了，可能的事不是一定要发生的事，"可能"的事我们能信以为真吗？"一滴香"首先是一种商品名称，没有特指、没有量的概念。我以前确实没有关注"一滴香"是什么，当时有人问我"一滴香"

2010 年《北京科技导报》刊登的
"中国十大科技骗局"

是什么，我第一反应是香油，香油叫"一滴香"也可以吧？起"一滴香"这样的商品名就跟"十三香"一样具有广告宣传性质。是一滴就香还是两滴才香并不重要，这是文学修辞上的夸张手法。举一个例子，八达岭高速公路上竖着一个大牌子，"司机一滴酒，亲人两行泪"，大家一看就明白，这是劝告大家不要喝酒，喝酒对自己和别人都可能造成伤害。如果非要说是科学研究证明，司机喝一滴酒，亲人就流两行泪，喝两滴酒，就流四行泪，这就出笑话了。因此，当时我跟卫生部的同志建议，"一滴香"到底有没有问题是一定要查清楚的，但首先必须规范"一滴香"到底是咸味香精还是复合调味料？是咸味香精，按照咸味香精的标准来管理，是复合调味料，按照复合调味料的标准来管理。我个人认为"一滴香"属于复合调味料，与鸡精类似，应该按照此类食品来管理。

除此之外，还有大米的问题。五常大米出问题以后，有关部门立即发了一个文，大米不准加香。对此我有不同看法，首先我必须声明，五常大米肯定不应该加香，为什么呢？五常大米是有机大米，卖的是有机食品的价，有机食品什么都不能加，若加香就是欺骗消费者。但有些大米，尤其是三季稻米、高产稻米，并不好吃，那加香又有什么不可以呢？但是必须注明这是加香大米，要让消费者明明白白的。总之一句话，食品也应该分类管理，分出档次来。当然这仅仅是个人的观点。

2010 年北京科技报刊登了中国十大科技骗局，排在第四位的就是地沟油变食用。这个问题 2010 年炒得很厉害，说是根据调查全国各地每年返回餐桌的地沟油，大概有 200 万~300 万吨。掰着手指头一算，200 万吨是个什么概念？按照中国 13 亿人口计算，每人每年 3 斤，可能吗？另外，哪儿块的地沟里面能掏出油来，地沟里面是掏不出油来的。

有人说地沟油不是地沟油，是泔水里面分出来的。在这里插句题外话，以前好多泔水拉去喂猪，我认为这种做法不可取。因为泔水里面有猪肉，猪吃了猪肉就会出类似疯牛病的问题。欧洲出疯牛病的原因很简单，中国人是吃牛下水这类东西的，但西方人：不吃，他们不吃也不扔掉，把那些东西拿回去烘干磨成粉，做成牛饲料让牛吃，所以牛在变换花样不断地吃自己的内脏，吃来吃去就疯了，就出疯牛病了。因此，泔水最可怕的问题首先是不能拿去喂猪。

去年政协会上我曾经提了一个提案，是关于北京餐厨垃圾集中无害化处理问题，也得到了回复。假如里面有油，可以把它分离出来，第一可以用来做生物柴油，第二种用途可以做成肥皂，剩下的东西可以做成鱼饲料，再剩下的东西可以发酵做沼气，沼气做完了以后可以再做肥料，这样的垃圾无害化处理北京已经在做，苏州全部做完了。我当时提案要通过政府立法强制来执行，所有餐馆的泔水必须统一收交，并且还要交钱作为无害化处理的费用，从制度上、法律上来确保地沟油问题得到解决。

解决我国食品安全问题的出路在哪里？

解决我国食品安全问题的出路在哪里，我想大家都十分的关心。首先是必须增强全民的道德素养、科学素养和法律意识。

为什么要增强道德素养？之前已经跟大家提到，我国的食品安全问题，很多是因为人的原因造成的。例如生产瘦肉精的厂家不负责任，只管生产和挣钱；卖瘦肉精的只管卖，不管卖的东西有没有问题；农民喂猪只管喂，只要长得好能卖钱，爱谁吃谁吃。到最后，可能农民自己养的猪没吃，但猪肉卖到城里，城里人吃了。或者做成火腿肠，又返回农村里了。所以，食品安全问题人人有关、人人有责。解决食品安全问题应该用 20 世纪 80 年代一句话，从我做起，从现在做起。首先，要提高全民的道德素养，大家都要负起这个责任来。第二，要增强科学素养，前面举的可燃面条等例子，只要大家稍微理性思考一下，就不会出现引起那么大的恐慌。第三，要增强法律意识，三聚氰胺问题屡禁不止，因为法律意识太淡薄了。所以在法律上，对食品安全的打击力度应越来越严，执法不严就是姑息犯罪。

另一方面，全社会要理性对待食品安全问题。食品安全没有零风险，消费者不能零容忍。出现食品安全问题以后，谩骂苛责没有用。我们需要更理性地对待目前的食品安全问题。如今，我国正处于社会主义初级阶段，但在食品安全问题上，上至党和国家领导人，下至普通百姓，大家的要求可不是发展中国家的标准，都希望最好达到国际领先水平。并不是说这个要求不对，但要做到这个水平还是要有一个过程的。食品安全问题出现以后，大家感觉到监管上有漏洞，这不可否认。但是，我们也不能否认食品安全的监管难度太大。我国食品原料的生产，或者说农业以及与农业相关的养殖业的生产模式，相当多的还是一家一户，谁家的猪喂了瘦肉精，猪最后卖到哪里去都是随机的，很难监管。假如是规模养殖，监管起来就容易多了。三聚氰胺问题出来以后，很多大的牛奶公司建立了自己的养殖基地，首先是为了保证原料奶的安全。所以，目前农业的分散经营模式对于我国食品安全监管来说是很大的挑战。

有这么一句话，当然这句话不是中国人说的，几百年了，"万物皆有毒，无不毒之物，而量微者无毒，超量使用则显毒性"。食盐，大家知道肯定没毒，假如我们就跟吃馒头似的，一顿吃上二两或四两食盐，那肯定急性中毒，立马就说不出话来，蛋白质凝固了；红糖，大家觉得有营养，一下吃二两红糖肯定也说不出话来了；酒，一次喝二斤酒肯定得喝醉甚至可能喝死。任何食品当中都会存在有毒物质，只是一个量的问题，不能一发现食品中有有害物质就说是毒食品，毒不毒要看量。所以世界卫生组织对食品安全的定义是"食品中有毒、有害物质对人体健康影响的公共卫生问题"。

举一个例子，大家知道铅是重金属，在食品当中不能超量。例如我国谷物当中铅的标准不能超过0.2ppm，0.2ppm是指一吨里面不能超过0.2克。符合这个标准的肯定是安全的，这个标准与国外标准也是接轨的。但是，要求在粮食里一点铅都没有，说实话做不到，有机食品也做不到。因为本来铅这种物质自然界中就存在，再加上现在环境污染，食品中不存在是不可能的。另外，假如水体被污染或者土地被污染，长出来的粮食肯定也会被污染了，所以说大家一定要注意，食品安全人人有责，保护环境就是保护人类自己：

食品安全是持久战。我曾跟很多人讲，就算到了共产主义也会有食品安全问题。现在来讲，发达国家也有食品安全问题，例如疯牛病。前几年韩国要进口美国牛肉，韩国民众进行了游行。为什么韩国老百姓要求不进口美国牛肉？因为美国牛都是打激素的，美国孩子都是吃打激素的牛肉长大的。所以大家不要认为在食品安全问题上外国就比我国好，外国的食品安全问题也很多。

解决食品安全问题，第一靠自律，自律是个基础，假如没有食品生产企业的自律，食品安全的基石就没有了，当然自律也不是自发的，需要法律的约束；第二要靠法律，只有严厉打击食品安全领域的各种违法犯罪行为，食品安全的一些违法现象才能得到遏制；第三要靠监管，监管是促进自律、实施法律的重要手段。

最后我要说的是我国的食品安全，目前还是处在历史上比较好的时期，并且会不断向好的方面转化，明天会更美好。

前"言"未来云计算

李德毅

云计算产生的背景

我们先谈谈第一个主题，云计算产生的背景是什么？有人说是大公司在炒作新概念，我们用一个三维坐标系分析一下。

首先回顾一下 IT 产业几十年来计算设施和环境的变化，我是"40 后"，20 世纪 60 年代大学毕业时我使用的是大型机，穿着白大褂，耳朵上插一支铅笔，学机器语言，在空调的大房间里写指令，这个情况不到 10 年就改变了；70 年代小型机的出现，使计算机不需要在那个大的框架里面，不需要用很多的空调来维持它的运转，机器更小了；80 年代出现个人电脑和局域网，我们的工作环境开始向网络发展；90 年代我们发现，家里装个 ADSL 上网，就可以通过桌面互联网跟社会打交道，可以去炒股、看新闻、在线聊天；那么现在这个时代，桌面互联网又满足不了我们的需求了，每个人口袋里都有个智能手机、平板电脑等，这就是移动互联网的时代。

当我们厌倦到处受制于那根光纤导线时，科学技术告诉我们，有一个很好的东西——移动通信，在行走中、在列车里可以通话，还可以上网，所以说我们现在是一个移动互联网的时代。下页图是经过半个世纪，我们真

网络让我们有了更加便捷的生活

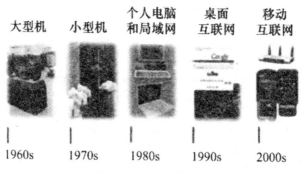

大型机　小型机　个人电脑和局域网　桌面互联网　移动互联网

1960s　　1970s　　1980s　　1990s　　2000s

计算环境和计算设施的变迁

真切切地感到计算机环境和计算机设施的变化：这个变化告诉我们计算机环境已经从以计算机为中心，变为以网络为中心，再变为以人为中心。

再看看软件工程经历的 50 年。一个软件工程师，他跟随着软件工程这一个大浪潮，在 20 世纪 70 年代编程，英文叫 Coding。当时大家认为编程是一个很高雅的事情，在机房里面写代码，我们感兴趣的是程序的编写过程；后来随着大量程序的积累，已经不需要重复写那么多原始代码了，于是出现了面向对象，每一位四五十岁的计算机工作者，都曾经做过面向对象的程序设计；再后来人们又开始不满足了，研究面向构件，因为可以通过构件重组实现敏捷开发。这就好像盖房子一样，一开始我们对砖瓦、木料感兴趣，后来我们对门窗感兴趣，

鼠标改变了人与计算机交互的方式

再后来我们对组件感兴趣，因此我们可以在很短的时间内，把一个房子盖起来。

面向构件之后呢？人们觉得还可以面向领域，于是就像书店的销售系统，可以通过一个客户关系管理软件，把整个王府井书店的营销情况管理起来，这就是面向一个出版领域。还可以面向一个医疗领域，或者面向一个餐饮领域等。21 世纪又突然出现了一个词，叫做面向服务的计算，英文是 SOC（Service OrientedComputing），就是你来一个请求，我为你做服务。因此对于软件工程师来说，面临着一个痛苦的转变，软件工程一改长期以来面向机器、

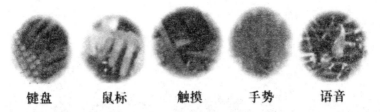

键盘　　　鼠标　　　触摸　　　手势　　　语音

交互方式的变迁

语言和中间件等面向主机的形态，转为面向需求、服务、网络的形态，真正实现了软件即服务（Software as a Service，SaaS）。这件事情对我们很多中年的计算机工作者来说非常不适应，因为他们长期看到的工作对象就是计算机，不适应面向网络去工作，他长期面向的是独立、支离的程序，对于开源开放的程序不习惯。这个转型是很痛苦的，甚至现在很多人还不适应这种云计算。

再看另外重要的一方面，就是人怎么样跟计算机打交道。20 世纪 50 ~ 60 年代，我们主要用键盘实现人机交互，1964 年一个科学家发明了鼠标，就是 XY 二维坐标定位仪。发明鼠标这个科学家也因此获得了计算机界的最高奖——图灵奖，因为他改蔓了人与计算机交互的方式。我们曾经认为鼠标很舒

互联网使地球变小了

互联网使生活更加丰富多彩

服。后来大家觉得有线鼠标不过瘾，于是出现了无线鼠标；现在大家觉得无线鼠标还不过瘾，所以出现了触摸屏，用我们指尖点来点去，就可以完成操作。用一句话说，就是从人围着计算机转开始转向计算机围着人转，交互、分享、群体智能等，都远远超过了早先图灵机的范畴。

因此无论从计算环境和设施的变化、软件工程的发展，还是从交互方式的改变，都告诉我们现在已经进入到一个新的时代，就是云计算的时代。什么叫云计算？云计算的定义很多，现在还没有统一定义。这里是我对云计算的一个定义：云计算是一种基于互联网的、大众参与的计算模式，其计算资源（包括计算能力、存储能力、交互能力等）都是动态的、可伸缩的、被虚拟化了的，而且以服务的方式提供。

有了云计算这个思想，我们再来看互联网是什么？对于广大的用户来说，互联网已经成为人人感知或认知不可或缺的状态，使得人的感知能力和认知能力，挣脱了时间和距离的束缚，得到极大的延伸。因为有了互联网，地球变小了，有了互联网，你可以跟地球上任何一个地方的一个人进行通信、沟通。互联网已经成为人与人之间沟通不可或缺的东西，使人与人之间、人与社会之间沟通的质量和效率得到极大提升。

在互联网上我们有不同的社区，社区成为网上从事某种专项事务的人群，或者从事某种专项服务的领域。我可以用四句话来概括社区：社区规模可大可小，大到几万人来对一个问题发表评论达成共识，小到三个人聊天；社区的主题也可大可小，你讨论交通问题，可以在交通社区谈，讨论公共交通，可以在公共交通社区谈，讨论北京市的公共交通，可以在北京城市的公共交通社区谈，所以社区非常灵活，主题可以非常宏观，也可以非常微观；社区的门槛可高可低，你要进入一个社区，有时候无需提供任何信息，就可以参加讨论聊天，但是有些社区需要提供的信息就比较多，包括身份证号码等，如果你要网络交易，门槛还要更高，这样才能确保是你，而不是别人；还有一句话叫做社区的划分无穷无尽，我们以前说这个世界的行当很多，现在有了互联网，有了社区，有了社区上的商务和政务活动，社区划分更是数不清楚。

云计算改变互联网资源配置方式，促进节能减排，实现绿色计算

回顾互联网资源配置的变迁，最早的服务器出现在网络的客户/服务器（C/S）结构中，客户端和服务器共同分担处理任务；后来客户端进一步变瘦，通过浏览器直接接入应用，也就是浏览器/服务器（B/S）结构；随着互联网应用的增多，多数机构、各个部门都架设了自己的服务器，导致服务器种类和数量的井喷，如邮件服务器、数据服务器、安全服务器和视频服务器等。大量服务器运营和维护的负担，又促使托管市场的出现，以减轻机构自身维护服务器的成本。但简单的托管并不能对服务器群实施进一步地集约化使用。于是，通过虚拟化服务，把服务器变成"服务"，在服务提供方就可以进一步整合计算资源。从服务器使用演变的这个过程可以看出，云计算作为一种以服务的方式提供计算资源的新型计算资源组织、分配和使用模式，它的出现是必然的。这与工业化革命促使传统制造业的大生产向规模化、集约

化、专业化的转变的趋势极其相似。今天，信息产业也正在走向信息服务的规模化、集约化和专业化。

有了云计算，广大用户无需自购软硬件，无需将自己的软硬件系统交给他人托管，甚至无需知道是谁提供服务，只关注自己需要什么样的资源或者得到什么样的服务。对于大量中小企业而言，不再需要投入大量经费

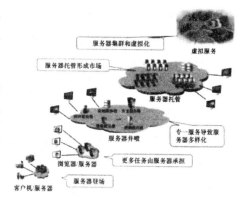

互联网资源配置的变迁

来购买、部署计算机软硬件设备和聘用维护人员，不必担心因高估自身业务受欢迎程度而过度部署造成资源浪费，只为服务买单。计算能力、存储空间以及通信带宽，成为社会的公共基础设施。计算资源的虚拟化组织、分配和使用模式，有利于资源合理配置并提高利用率，促进节能减排，实现绿色计算，散落在局域网、社区网、城区网、地区网各级信息中心的成千上万台服务器利用率通常在15%左右，集中后的虚拟集群服务器利用率可达85%，何乐而不为呢。

计算资源虚拟化催生身边的云计算

计算资源虚拟化是云计算的核心技术，从计算机发展史上来看，虚拟化技术早已存在。例如，当年我们制作操作系统时使用了虚拟存储管理的技术，使应用程序自认为拥有连续足够的存储空间，无需关心实际使用的磁带机、磁盘机、闪存等物理存储设备的地址构成、容量、组合、调用和管理细节。虚拟内存是物理内存的抽象。同样，分时操作系统利用时间片轮转分别处理多个不同的任务，使一台物理计算机可以虚拟为多台独立的虚拟机，为不同用户服务，也是虚拟化技术。还有，在计算机硬件和操作系统上，通过一个中间件让支撑其上面的多个不同的操作系统和应用程序同时运行，形成若干表面独立的虚拟机。至于虚拟专网（VPN），它是在公共电信设施上，建立一个企业或一个团体内部通信与网络的方法，封装了多个不同网络设备与终端

的传输差异性。

计算资源的虚拟化在互联网时代迅速发展，用户以更自然的交互方式、呈现出个性化服务的强劲需求：无需关心特定应用软件的服务方式（如是否被他人同时租用），无需关心计算平台的操作系统以及软件环境等底层资源的物理配置与管理，无需关心计算中心的地理位置。这三个"无需关心"即构成了软件作为服务（SaaS）、平台作为服务（PaaS）、基础设施作为服务（IaaS）。

虚拟化技术早就存在

有人认为，未来的云计算是全世界只要有三五台计算机，我个人不认同这种说法。我认为把许多计算机连在一起形成的网络，有很多的各式各样的人机交互在网络上面，这绝不会等同于一台集中式的大型计算机的交互，不能简单地把云计算想象成所有的资源都集中到一个大的物理数据池或计算池里面。不是把所有的数据放到一起就是云计算。云计算中的"云"，无处不在，飘忽不定，或卷或舒。任何一台个人电脑上的资源和处理能力都无法叽网络相比，每一朵"云"都植根在成千上万台服务器组成的集群或虚拟集群上，只要有网络，就能随时随地连接"云"，就好比家家都用电，但不是只要有一个发电厂电线直接接到家里就行了。

云计算早已深入到了我们的日常生活，身边比比皆是。例如电子邮箱，最早是安装到自己的电脑里。后来，通过w。b技术把邮箱挂在网上，同一个邮箱服务器可以为成千上万的邮箱定制者提供服务，确保用户之间的数据隔离和隐私。

因此，人们没有必要在现实中去购买或租用一个真正的实体邮箱。这种网络邮箱我们已经用了10多年，有多少人在邮箱里被泄露了自己的私密呢？

云计算与信息安全

下面讲一讲云计算中的安全问题，也是大家最关心的问题。安全是人们普遍的一个担心之处。怎么看待云安全?
首先我很直率地说,云计算不是解决信
息安全问题的新式武器。云计算的出现,
最根本的是确立了从单机计算到网络计
算方式的改变,但它并不是专门为了解
决安全问题的新式武器。云计算最重要
的技术进步是存储方式、计算方式和交
互方式的网络化变革以及软件作为服务
的思想,跟安全、数据也没有关系。云
计算也不可避免地可能在软件中出现诸

安全是人们普遍关注的一个问题

如漏洞、病毒、攻击及信息泄露等目前信息系统中普遍存在的共性的信息安
全问题,传统的信息安全技术将会继续应用在云计算中心以及端设备的安全
管理上。

其次,云计算改变了信息安全的根本格局。云计算之前,这些数据大量
重复、分散、位于网络的边缘,难于管理,也更容易造成泄露风险,这样的
教训比比皆是。而在云计算时代,通过服务的规模化、集约化和专业化,数
据和信息高度集中存放,改变了信息资源大量分散且重复于端设备的安全难
管难控的格局,这也就从根本上改变了整个信息安全的格局,对安全的管理
和控制噯该说是有利的。现在我们用的手机变得简单了,但是计算中心对手
机的控制可是一刻也没放松。

云计算改变了信息安全的根本格局

我想到一个小故事:从前农村的
老财主认为把财宝藏在床底下或者埋
在土里最安全,但现在几乎没有人把
钱藏起来,而是存在银行里。同样,
当安全变成一种普遍的服务时。是否
还要把敏感信息放在自己身边?不见
得,这就如同今天人们普遍愿意把钱
存在银行里而不是藏在床底下,如果

银行值得信赖的话。云计算中心可以有更强的管控能力，在交换层面上，在路由层面上，在网络层面上，在内容层面上，实现信息识别、分析、阻断等管控能力，尤其是云计算的计费管理和认证手段，为用户端的管控打下了坚实基础。因此从这个意义上讲，云计算更安全。

用户和服务之间的信任机制很重要

我们普遍关心的云安全问题，本质上是服务方与被服务方之间的信任与信任的管理问题。被服务方的数据放到服务方那儿，并不是担心服务方那个内存不可靠，而是怕被滥用。大众参与，这是互联网的最根本的事情，由下而上的民主力量，这是互联网的根本特点。它是建立服务信誉的最基本、最重要的保证。为了解决信任管理的问题，作为一种具体手段，我在清华大学计算机系提出了一种数据着色的方法，通过云水印，双方约定对用户数据进行着色，特定的颜色为特定的用户所有，通过云模型中的期望、熵和超熵的控制，既保证用户对数据的所有权，又不影响数据的有效使用。

安全和可信是云计算中各类用户和服务提供方等不断交互，以及在服务过程中的演化所积累出来的一项品质，是在社区交互和演化中所体现出来的信誉。云计算中信任的建立、维持和管理，还可以通过社会与技术手段相结合的方式来辅助信任机制的完善。

对广大企业来说，云计算为信息安全领域带来新的商业机会和手段——云备份。银行、航空、电信等许多大型信息系统通过建立一级、二级数据中心，实现数据的统一维护和集中管理，为防范各级中心发生信息系统崩溃、数据丢失等风险，必须有备份机制。在云计算时代，可以设想，由一个信息企业专门承担起备份这项工作，建立起一个可扩展的、动态伸缩的云数据备份中心，对相似专业的数据中心的数据进行备份服务，而不需要每一个专业数据中心都各自做备份，这是云计算技术给安全备份提供的崭新手段。运用云计算的技术实现社会化、集约化和专业化的备份服务，必将提高专业数据

名家笔下的科学世界

181

中心的安全性和可靠性。

云计算改变了传统软件开发方式。软件行业实现社会化、集约化、专业化的大转型

我们来看、看云计算是怎么样改变信息服务业的行业面貌的？软件作为独立产品，针对用户需求，采用自顶向下、逐步求精的方法，进行面向系统的软件设计与面向底层技术实现的代码开发与测试，让用户安装并拥有软件系统，这样的时代已经或者正在成为历史。

基于服务的软件开发，会更加强调标准接口和具有自治能力的粒计算，组件的重用和绑定。以前在软件部门的叫高级工程师主要体现的写的软件规模有多大，组织多大的团队来开发这个代码。现在衡量一个好的软件工程师，是通过有多少人使用你这个软件，点击率多少，重用率如何。所以，一个很大的变化就是软件工程师由白领逐渐地向蓝领过渡，从以前编码为主，转化

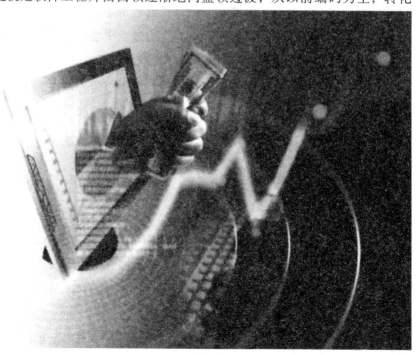

软件服务业实现了社会化、集约化和专业化

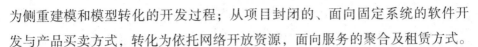

为侧重建模和模型转化的开发过程；从项目封闭的、面向固定系统的软件开发与产品买卖方式，转化为依托网络开放资源，面向服务的聚合及租赁方式。

软件开发、软件注册或检索，以及软件租赁形成了三分离的格局。这种分离局面已经淡化了原来那个顶层设计的事情。我们中国人很喜欢顶层设计，觉得什么事情都要有个规划。顶层设计固然是一种方法，终端集成也是另外一个根本条件，顶层设计和终端集成是相互补充的，并不是什么都要有顶层设计。现代科学告诉我们，演化、进化这种自然规律是非常值得重视的一种社会前进方式，于是出现了各种各样的开源、开放的软件、合作开发社区。单一化的软件产品的生命周期，软件在线更新，贴近了用户的新需求，强调这个软件的演化过程，软件频繁地被重用重组，在第一时间满足客户的需求。

云计算支撑物联网，移动互联网上云计算来得更快

下面讲一讲我们普遍关心的物联网。为什么说云计算是物联网的基石呢？它是怎么样支撑物联网的呢？云计算给我们一个新的时代——信息技术的集中化服务时代，使人人联网。

初期的互联网支持尽力而为的服务，网络是简单的，边缘是丰富的，所以我们笔记本性能越来越高，硬盘越来越大，可是利用率却越来越低。现在的云计算实现了社会化、集约化和专业化之后，网络是丰富的，边缘是简单的，交互是智能的。随着移动互联网带宽的迅速增长，2009 年我国新建的 3G 基站，已经达到 32.5 万人，网络覆盖全国 342 个城市，2055 个县市，6000 多

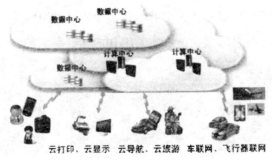

云打印、云显示　云导航、云旅游　车联网、飞行器联网

云计算支撑物联网

个乡镇。许多农民工充分利用手机，来实现他的需要。移动互联网的实时性、交互性、低成本、个性化和位置感知能力，形成了移动用户迅速增长的服务需求，尤其是基于位置的服务，移动互联网上的云计算来得更快。举个例子，我到重庆去想找一个酒店入住，发一个服务请求，反馈说滨江大道上，3 点到 5 点有空房间的酒店有哪几家，这就是基于位置的服务——手机上的云计算。

互联网成为社会基础设施，人们对人人联网已经不满意了，希望物物联网，那就是物联网。假如云计算的网络是非常丰富的，不但有计算中心，还有数据中心，个性化的个体拿着 iPad 数码相机，访问你在网络上的数据，之后你可以用一个适当的软件，比如用 office 或者 powerpoint 进行加工，然后选择一个网络打印机，就可以做一个云打印，打印机上网就是物联网。

我们现在每个人开一辆车，还要到商店里去买一个导航设备，再下载一个北京市的地理信息系统，然后才能告诉你王府井大街怎么走。将来的地理信息系统不需要安装在每一个车子里。假如你问北京市的地理信息服务中心从王府井到公主坟怎么走？它就告诉你一个答案，把那个路线图发给你。当你的车子开到广州了，广州的地理信息服务中心为你服务，也不需要把全国的地理信息都装到你的车里面，这就是物联网。假如停车场也上了网，那么我在去首都机场的路上，我就可以预订一个停车位，它可以直接导航到 C310 -2 车位去，这就减少了你找车位的时间，减少了二氧化碳的排放，这就叫物联网。这个物联网成功运行后，就不要停车场的收费员了，因为车子和停车场都联网了。同样，高速公路的收费员也可以不要了，这个社会将变得多么的安静。

如果每辆车都可以联网了，车牌号是多少，驾驶员是谁，车还有多少油，车轮胎会不会爆，这些参数都能够实时感知的话，那么控制会变得更加精确。

首届中国智能车"未来挑战"赛

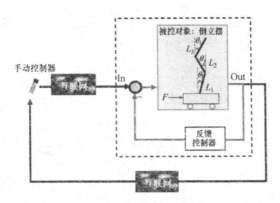

通过互联网控制三级倒立摆

甚至可以想象，将来按区域进行收费，在拥堵区、热闹的地区——二环路贵，三环路便宜，四环路更便宜，这样可以更加精确地控制道路使用率。通过GPS和移动通信定位系统以及相关的技术，我们已经可以很好地感知位置，一般可以是十米到几米，甚至可以精确到亚米。也就是说，不仅仅是导航道路，更可以智能导航到你的车道。

我在自然基金委信息学部工作时期，启动了一个重大计划——视听觉认知计算。前年和去年在西安，做了两次无人驾驶车比赛，让智能车无人驾驶，躲过红绿灯和行人，互相之间超车，大家都很关注这个事情。

我还进行过一个研究——倒立摆动平衡控制。倒立摆，简单地说，就是我们看到的杂技员顶竹竿。顶一个竹竿不倒是一级倒立，如果竿上再放一个竿，是二级倒立，如果再放一个竿，是三级倒立板。三级倒立摆靠小车子左右移动，保证那个摆不到，把一个很不稳定的系统控制得很稳定，这就是控制里面的一个很重要的典型案例。如果网络很发达的话，将来可以通过网络控制这个三级倒立板，通过网络反馈知道相关参数。这样一来，我们就可以在一个地方，控制另外一个地方的事情。

所以，有时候一些学者说，你们家的微波炉什么时候打开，空调什么时候进入睡眠状态，应该不足为奇，社会是在往这个方向发展。人类用信息和信息技术精确地调控物质和能量，会导致一些产业和职业的消失，但是也会导致更新的产业的诞生。

利用信息和信息技术精确调控物质和能量，提高资源的利用率和生产力水平，改变全球粗放式的生产方式，改变这种过度利用自然资源的方式，让我们来实现绿色的、可持续的、健康的发展。

最后用胡锦涛主席的一句话来跟大家一起共勉——互联网、云计算、物联网、知识服务、智能服务的快速发展为个性化制造和服务创新提供了有力工具和环境，人依靠机器生产产品变成机器围绕人生产产品成为可能，个性化制造和规模化协同创新有机结合将成为重要的生产方式。